PABLO ARNALDO DONAIRE

12 MODELO MENTAL INTEGRATIVO

www.pablodonaire.com.ar

© Pablo Arnaldo Donaire 2019

Primera Edición: enero 2019.
ISBN: 9781795116039
Independently published

donairepablo9@gmail.com
Instagram: @pablodonaire
Facebook: @pabloarnaldodonaire
Grupo Facebook: Psicología Sin Nombre
Diseño: Pablo Donaire

12
MMI

ÍNDICE

0. INTRODUCCIÓN AL MODELO MENTAL INTEGRATIVO

1

Ciencia Unificada

Entre todos los caminos en su variedad y diversidad, la decisión más difícil suele ser optar por uno y atenerse a él. Entre muchos escritos fallidos, empiezo finalmente a recorrer esto que en su conjunto será una psicología acorde a nuestros días. Sus pasos iniciales, corren por cuenta de la creación de un Modelo Mental Integrativo, que servirá de guía y punto de partida para ulteriores desarrollos. En esta breve introducción, enunciaremos la problemática de la integración, la metodología utilizada y algunos aspectos epistemológicos.

Cuando Sternberg y Grigorenko (2001) hicieron un llamado a la integración, volvieron audible un pedido que en buena medida recorría todos los campos de la psicología. Como es natural, la aplicación por excelencia de la psicología, la clínica, lleva la delantera, incluso en el Cono Sur, con Opazo Castro (1992, 2001) y Fernández Álvarez (1992). Desde entonces, tanto los escritos epistemológicos y críticos sobre el tema, como así también los aportes, han formulado sus posturas. Como este es un tema que requeriría un desarrollo que aquí desvirtuaría el camino, dejemos gravados estos nombres.

Naturalmente hablamos de una integración teórica. Para los niveles prácticos de la misma, ésta se comportará como *una teoría nueva más*.

2

Problemática Integrativa

Existen dos grandes problemas tanto en los escritos de integración en general, como en sus intentos propiamente dichos. Al primero lo llamaremos la *multiplicidad inoperante* y al segundo, la *dogmática trascendente*. Una multiplicidad de puntos de vista terminaría por convertir cualquier problema, en algo tan complejo, yuxtapuesto e indescifrable, que por sí mismo, este tipo de integración resulta inviable. La dogmática trascendente habla de un paradigma, convertido en dogma integrativo, el cual absorbe, por lo demás, a todas las perspectivas. En este caso, se gana en comprensión y profundidad, pero no hay una integración real; se rechazará con violencia lo diferente.

Pensar la solución de dichos problemas me llevó a una serie de conclusiones.

Primero, integrar, debe ser, en sí mismo, el paradigma de la integración.

Segundo, al ser esto así, queda evitado el peligro de la diversidad inoperante y de la dogmática trascendente.

Tercero, es imprescindible una visión crítica, una historiografía de la ciencia y una búsqueda, tanto de convergencias como de divergencias.

Integrar no puede entenderse como una destrucción de la diversidad, antes, al contrario, se nutrirá de la misma, la alentará incansablemente, y la defenderá con razón y ciencia. Por lo tanto, de todo el universo fenomenológico de la psicología, esta perspectiva, deberá tener en cuenta *a todo el universo fenomenológico*; no cerraremos los ojos ante nada, por absurdo, acientífico o extraño que pueda parecernos. Como resultará evidente, esta idea, nos devolvería a la problemática de la multiplicidad inoperante. Queriendo evitar un problema, caeríamos en otro que ya creímos superado. Considerar el universo psicológico todo, en sí mismo, es un imposible. Por tanto, deberemos contar con un *método reductivo* adecuado. Pero esto, al mismo tiempo, renovaría el riesgo de caer en una dogmática trascendente, es decir, apegándonos a un método, terminaríamos por alejarnos del paradigma integrativo, transformando nuestro método en dogma, a través del cual reduciríamos la multiplicidad según nuestra propia perspectiva.

Afortunadamente, existe un método adecuado, en línea con la integración, el cual nos permite encontrar una vía de escape a esta problemática circular.

Por lo demás, deberíamos preguntarnos si tanto la multiplicidad inoperante, como la dogmática trascendente, no son el reflejo propio del estado actual de la psicología. Es decir, demasiadas ideas, demasiadas teorías y todas o la mayoría, con pretensiones de la mejor y la más acabada.

Y es que éste es un momento

> en que la psicología [...] ha llegado a fragmentarse como nunca antes en su historia. Ha perdido su centro y corre el riesgo de perder la cohesión necesaria para asegurar que se produzca ese intercambio interno que podría justificar la división del trabajo en sus partes, (Bruner, 1990, p. 11).

3

Metodología

La psicología abarca el amplio espectro que va desde la ciencia natural a la filosofía, en este sentido su disímil metodología ha girado desde la ciencia estricta, la interpretación, la fenomenología y algunas variables de hermenéutica analítica.

El método científico tiene grandes limitaciones, pero no lo descartamos. Será un constante esfuerzo el intento de operacionalizar nuestras hipótesis para dar lugar a la ciencia estricta.

Desde Husserl la psicología y la filosofía se vieron influenciadas por el desarrollo de la fenomenología. Entendida como método, la fenomenología puede ser pensada como aquello que permite

> ver lo que se muestra, tal como se muestra por sí mismo, efectivamente por sí mismo, (Heidegger, 1962, p. 45).

Fenomenología, pensada así, implica considerar o tomar en cuenta todas las variables y dejar que ellas mismas expliquen, por sí mismas, tanto la estructura, como la función. El objeto de estudio, a través de esta metodología, no es perturbado ni modificado. Se trata, en suma, de observarlo, sin prejuicio alguno[1]. Los autores que tomamos, tanto así como la forma de desarrollo y aproximación a los mismos, están realizadas en base a la fenomenología, específicamente la de Heidegger, (1962) entendida como método.

Descartamos, de plano, la oposición entre ciencia y fenomenología. Tampoco aporta demasiado el debate en este sentido. La presente psicología, adopta como método la fenomenología, pero se apoya en la ciencia y buscará, en la medida de lo posible, en ella su sustento. La particularidad de lo integrativo es que al

---

[1] Uno de los argumentos más fuertes contra la integración, lo encontramos en su máxima expresión en Feyerabend (1991). El autor plantea que la fragmentación –desintegración- es síntoma de buena salud en la ciencia, y que generar un pensamiento único –integración- es peligroso. Un contraargumento, se centraría en demostrar que los fragmentos, se comportan como "pensamientos únicos" es decir, Feyerabend, a su pesar, defendería aquello que pretendía evitar. Pero podemos prescindir de este contraargumento por nuestro método. Asumimos la fragmentación con aceptación y la contemplamos, sin intentar modificarla. Es ella la que dará las pautas, en definitiva, de integración finales. Del panorama psicológico, no negamos nada. *Integrar, en última instancia y por esto mismo, es aprender a aceptar la fragmentación.*

basarse en lo ya construido, podemos adoptar, sin esfuerzo, los grandes avances científicos –que los hay- en nuestro ámbito. Por otro lado, lo integrativo se hace responsable de las temáticas que escapan a lo científico y hermanan a la psicología con la filosofía.

4

Psicología del Siglo XXI

La psicología a la cual esperamos arribar, implica una división de sí misma en tres grandes áreas.

Metapsicología. Incluye a la línea de psicología profunda, derivada directamente de la idea de lo inconsciente. Es el área de la psicología que tiene más relación con la filosofía. También podemos incluir aquí a las perspectivas existenciales y humanistas.

Psicología [propiamente dicha]. Es la línea intermedia entre filosofía y ciencia. Aquí se incluyen las líneas de carácter científico, el conductismo, la psicología cognitiva y algo también de las psicologías existenciales y humanistas.

Psicobiología. Aquí entramos en acuerdo (o desacuerdo) con los avances fundamentales de la neurociencia y sus derivados.

El cuarto nivel teórico, es el Psicosocial, el cual relaciona nuestra ciencia con la antropología y la sociología.

Existe un quinto nivel que se revelará con el avance de la obra.

Se comprenderá que, a grandes rasgos, podría agregarse indefinidamente material y teorías a estas grandes secciones. Que lleguemos a hacer algo realmente articulado y creativo en relación al advenimiento de esta esperada psicología (una acorde a nuestros días) implica un trabajo que nos trasciende, pero al mismo tiempo nos impulsa a trabajar.

5

Modelo Mental Integrativo

Ir a la psicología que intentamos implica elegir un camino. Se entiende que cada aspecto tratado en esta breve introducción requerirá de un desarrollo ulterior[2], pero he tratado de no desviarme de la meta: elaborar un modelo psíquico, a través de la integración de doce autores fundamentales. Me ha costado tres años definir este objetivo. Y cuando uno encuentra una meta, debe entregarse por entero a ella. Podría realizar desvíos a explicar mil cosas y esos desvíos traerían, por fuerza, mil más. Perdería así el rumbo. De cada elemento emergente devendrá su desarrollo en el momento adecuado. Apelo a la benevolencia del lector en este sentido. Detrás de todas estas palabras hay meditación y reflexión, como así también un esfuerzo minimalista y sintético; aunque esto último no sea demasiado apreciado en occidente, lo considero una virtud.

Los autores son, como dije, doce. Los llamo primarios porque hicieron un aporte fundamental, a partir del cual cambiaron la

---

[2] Hablo de libro o libros posteriores.

forma de ver las cosas. Los autores secundarios (trabajaremos algunos y en ediciones posteriores agregaré otros) desarrollaron, como es evidente, aspectos de los primarios, no obstante, agregan o cambian algo que por sí mismo es válido o merece ser tenido en cuenta. Los autores terciarios innovan en un único aspecto; aportan un descubrimiento o experimentos interesantes. Llamará la atención, luego de leer la lista de autores, lo siguiente: diez son occidentales, mientras que dos son orientales. Entiendo por oriental una forma radicalmente distinta de ver las cosas. No es una referencia geográfica. Integrar, radicalizado, nos lleva, por fuerza, a trazar un puente con oriente[3]. Aunque los autores orientales son filósofos, antes que psicólogos, puede observarse, a través de sus ideas una protopsicología. Los trataremos desde una perspectiva estrictamente psicológica, esto es, sus creencias y misticismo, escapan a nuestro campo así como las religiones y filosofías

---

[3] El paradigma integrativo, es pensado y llevado a sus últimas consecuencias. Se trata de una radicalización de la idea, pero al mismo tiempo un cuidadoso reparo en lo integrado, el objeto de integración y el sujeto que ha de integrar. Si bien he optado por Lao Tse y Buda, también podría haber tomado a alguna cosmovisión andina, ideas de la india, de los celtas, incluso de los primitivos cristianos.

derivadas. Los occidentales, se explican por sí mismos. Aquí la lista:

1. Freud.
2. Adler.
3. Jung.
4. Wundt.
5. James.
6. Watson.
7. Rogers.
8. Ellis.
9. Bowlby.
10. Kabat-Zinn.
11. Buda.
12. Lao Tse.

Una última apreciación: el orden no es cronológico estricto. Los orientales están al final, pero por lejos, son los más antiguos. Si bien no es ninguna novedad tratarlos, sí es novedoso integrar explícitamente sus ideas en una teoría psicológica [que intenta ser moderna].

La cantidad de autores, así como lo disímil de sus métodos y teorías, parecerían acercarnos al problema siempre presente: el de la *multiplicidad inoperante*. Doce autores puede parecer un número excesivo, teniendo en cuenta que en las integraciones clínicas, por ejemplo, se integran entre seis o menos. ¿Por qué tantos? ¿Por qué incluso agregar autores secundarios? Alguien, por otro lado, podría reprocharnos que son demasiado pocos o no son los correctos. Pero mantengamos nuestra meta. A partir de los tres primeros, la llamada tríada metapsicológica (Freud, Adler y Jung), formaremos un núcleo central, el cual, en sí mismo, no requerirá de una vuelta a cada analítica por autor previa. Nuestro modelo, a través de estos trabajos será pulido, cuestionado y donde corresponda, modificado. Cada uno de los doce primarios, es un capítulo analítico; en el capítulo 13, el único sintético, se observará el modelo terminado. Se podrían agregar más autores sin problema, el resultado será único, simple, pero al mismo tiempo irá adquiriendo profundidad y diversidad.

Un modelo psíquico no es más que una representación gráfica de algo en sí, muy complejo. Su aporte fundamental, además del didáctico, es que se transforma en una suerte de guía, algo a través de lo cual se puede acceder a una comprensión que por otra vía resulta difícil. El modelo creado sobre estos cimientos, es un excelente punto de partida.

Y debería ser capaz de dar luz sobre múltiples aspectos: a) psicopatología, en su aspecto general; b) clínica, a nivel teórico y práctico; c) función, en tanto dinámica y sistémica; d) estructura, en tanto la emergencia de leyes y entidades fundamentales; e) relación biosocial y no menos importante: f) sanidad, entendida como el emergente más allá de la enfermedad y g) individuación, en tanto posibilidad de desarrollo.

Integrar implica un cruce entre el pasado y el futuro. Es un examen histórico y una creación, emergente de la revisión, pero también *per se*, innovación. Es algo nuevo y viejo al mismo tiempo. También es filosofía y ciencia; en tanto reflexión, autorreflexión y crítica, como así también experimentación y prueba de hipótesis. Cada vez que emerge un nuevo paradigma o sistema teórico, surgen inevitables resistencias. Tenemos, frente a toda oposición, una ventaja: no partimos de cero, es decir, no tratamos de refundar la psicología, sólo entenderla [devolverla] a su esencia. Y esto es lo que sugiere Carpintero (1999) cuando dice

> Dos tipos de consideraciones podrían ayudar a cerrar el debate. Uno deriva del estudio de la historia de la psicología. Otro procura buscar una conjugación sistemática de la unidad y diversidad dentro de una teoría que lo haga posible, (p. 40).

Modificaremos nuestra postura conforme a los avances, pero forzosamente iremos allí donde la ciencia no llega. El aspecto cuádruple de esta integración (pasado + futuro + ciencia + filosofía) será llevado adelante a través del método fenomenológico, el único capaz de no alterar lo observado.

La psicología es una ciencia con un poder difícil de igualar por otra área del saber. En ella, que somos nosotros, se encuentra el núcleo y el misterio del bien y el mal, de la creación y la destrucción y del sentido o sinsentido de la existencia.

A la integración la subyace un esfuerzo por volver a centrar este poder.

PRIMERA PARTE:
METAPSICOLOGÍA

1. FREUD

Freud Intro

Trataremos de adentrarnos en la esencia del psicoanálisis de Freud. Rescataremos de él aquello que se revista con la importancia fundamental para ser integrado.

La esquemática y reductiva exposición de Freud aquí presentada, no debe entenderse como guía ni explicación de su sistema, antes que nada, se trata de un intento de visualizar la psiquis a través del psicoanálisis y las modificaciones de dicha visualización en torno a las ideas de integración.

El Núcleo de Energía

Imaginemos un núcleo central de energía. Este núcleo, se va haciendo más tenue a medida que nos alejamos del centro. Es necesario imaginar una fuerza inconmensurable. Tal vez la imagen del sol nos sea suficientemente clara.

Según Freud, ese núcleo fundamental de energía, posee en su centro, toda la fuerza pulsional, (1991i, pp. 25-27).

Se trata de una energía que no conoce de bien o de mal y en ella se mezclan, sin oposición, los aspectos más terribles y sublimes de la humanidad, (1991h, pp. 54 y sig.).

Es necesario entender que para Freud, este núcleo de energía, su fuente, tiene origen en la sexualidad, a la cual se le acoplan todas las otras formas de motivación, como ser el poder, lo espiritual y la alimentación (1991g, p. 121)[4].

Toda expresión distinta a lo sexual, es una reorientación de esta energía, (1991g, pp. 121).

---

[4] Pulsiones y Destinos de Pulsión.

Freud hacia el final de su obra, toma como sexual a aquello que busca la unión, en esencia, la vida. Asimismo, asume como su opuesto a aquello que busca la separación, la desintegración, la muerte, (1991h, pp. 54-56).

Pero del sol no observamos el núcleo. Sólo vemos su luz y su cara externa.

La Represión

Este núcleo, según Freud, permanece oculto. De este centro, fenomenológicamente, sólo pueden observarse sus expresiones más superficiales, (1991g, pp. 143-147)[5]. Pero es a partir de la psicopatología de la época, la interpretación de los sueños y el análisis de la vida cotidiana (el chiste, los actos fallidos y lapsus) que Freud vislumbra este centro, sacando del mismo al yo racional y consciente, (1991d).

Freud observa que este núcleo está en todo y sus manifestaciones, más o menos sutiles, al ser descubiertas, generan una disminución en la sintomatología, (1991a, pp. 32 y sigs.).

El alivio, a través de la palabra, es resultado de un minucioso análisis de las manifestaciones de lo inconsciente.

Freud sigue, en contra del sentido común, justamente aquello que más perturba y molesta al analizado, -sigue al dolor como una brújula, (1991a, pp. 163-167).

---

[5] En *La Represión*, Freud explica lo que llama la represión propiamente dicha.

Al tiempo, y luego de numerosas observaciones, es dibujado el primer mapa de este núcleo, (1991c, pp. 527 y sigs.).

Freud observa que existe algo que nos fuerza a reprimir la esencia de este núcleo. Algo que, alojado a cierta distancia de la superficie, supervisa y fuerza al desalojo [represión] a estos impulsos sexuales, (1991g, pp. 141 y sigs.).

La fuerza represora que obra en forma de dique, permite que pasen aquellas pulsiones que pueden ser encausadas, sea por sublimación, a otras actividades o al amor genital adulto, (1991g, pp. 122).

La patología ocurre cuando el Edipo no es destruido por el yo, (1991i, p. 185); las defensas tienden a volverse más y más potentes.

El ser simiesco

Imaginemos ahora un humanoide simiesco, con ciertos rasgos de inteligencia instrumental, pero salvaje y atroz. Este simio, no tiene reparos en tomar sexualmente a iguales o distintos, sean estos familiares o animales. Simplemente busca satisfacer el *principio del placer*, (1991e, p. 224). Se impondrá una y otra vez por la fuerza. Poco podemos esperar más que sea nuestro espejo horrendo a nivel psíquico. Recordemos que este primitivo hombre, sólo busca la satisfacción inmediata, la supervivencia y no tiene consciencia moral alguna.

Asumamos que este humanoide perverso, no tiene reparos en cuanto al sexo: copula con quien quiere en el momento en que lo desea. Hombres más débiles, mujeres, niños, todo cuanto se le cruza por enfrente cae presa de sus garras. *Homo homini lupus* [El hombre es el lobo del hombre], (1991k, pp. 108-112). Nuestra bestia mata sádicamente a aquel que le hace frente, devorando carne cruda y emitiendo guturales sonidos. Su poder físico es su principal arma, pero no repara en servirse de eventuales herramientas: palos, piedras o rudimentarios cuchillos.

A pesar de lo desagradable de esta figura, la misma, no tardaría en volverse dueña de una tribu, a la que sometería por fuerza bruta, teniendo para sí todas las mujeres. El resto de los hombres, más débiles, serían sus serviles esclavos, portadores de sus deseos, cazadores y demás.

Nuestra bestia, correrá en suerte dos destinos posibles: corroído por sus propios impulsos, caerá presa de su trágico destino. Algunos hombres de su tribu se sublevarán, tarde o temprano. El otro destino, que le permitirá conservar su poder, con algunas concesiones, consiste en resistir alguno de sus impulsos, esto es, castigar y reprimir, conservando al otro.

El segundo destino, que es el llamado cultural, nos lleva a entender cabalmente lo que este centro pulsional representa, como así también cómo funciona el sistema de represión del mismo, dinámica que explicaría la dialéctica *deseo-prohibición*, (1991f).

Quienquiera que argumente que esta figura ancestral y mitológica de nada sirve como ejemplo, reto a que se tome un diario, cualquier día, para que se observe que este simio habita en lo cotidiano, más allá de nuestros deseos.

Y si cualquier sección de policiales es considerada insuficiente, véase la historia.

Nuestro retrato pulsional nos implica en lo más bajo, en lo radicalmente perverso. Si quisiéramos retratar este centro pulsional de otra forma, se nos escaparían detalles, pero toda esta secuencia perversa, se esconde bajo el sedimento de la cultura, esto es, *evolución*.

9

Superyó

Freud creó una estructura teórica, una cosmovisión de una perfección y detalle inigualables. Nos reveló que nuestro aspecto primitivo y salvaje, continúa actuando y lo hace en todo momento. Acercó un espejo a nuestra desagradable psiquis. Si esto todavía genera repulsión o queja, bien puede acertarse en decir que se prueba aún más el carácter fundamental de su descubrimiento. Nuestro interés no estriba en refutar lo que nos molesta a la consciencia, sino integrarlo. Los sedimentos de la cultura, crearon en este centro pulsional un yo y un superyó.

En una guerra por deseos, el yo es formado por la alianza con el enemigo, esto es, el rival edípico. Esta alianza, en términos psicoanalíticos, es una identificación, (1991i, p. 184).

El enemigo, al ser más fuerte y apto, nos transforma en sus súbditos y esclavos. Enfrentarlo, simplemente nos revelará nuestra propia incapacidad y moriremos [castración] en sus manos.

De esta guerra, quedan dos resultados: nuestro enemigo, ahora vuelto nuestra figura ideal (ideal del yo) será nuestro amigo y rector, (1991i, p. 184). Nuestro objeto de deseo, esto es, nuestro progenitor del sexo opuesto, se transformará en una fuente de deseo prototípico de relación [de objeto].

En esta guerra por el deseo, los aspectos punitorios y represivos serán introyectados como propios, por miedo a un castigo físico o psíquico ejemplar, esto es, la *castración,* (1991i, pp. 182-184).

Al ser nuestro enemigo más fuerte, más apto, en suma, más poderoso, deberemos obedecerle. Un miedo inconsciente y anticipatorio al castigo, nos llevará a establecer en nuestra psiquis una nueva estructura, a saber, el *superyó.*

El superyó será la norma, la moral, la ley en sentido amplio, (1991i, p. 184).

Ensayemos entonces, una representación, simple y pura, de lo que llevamos dicho.

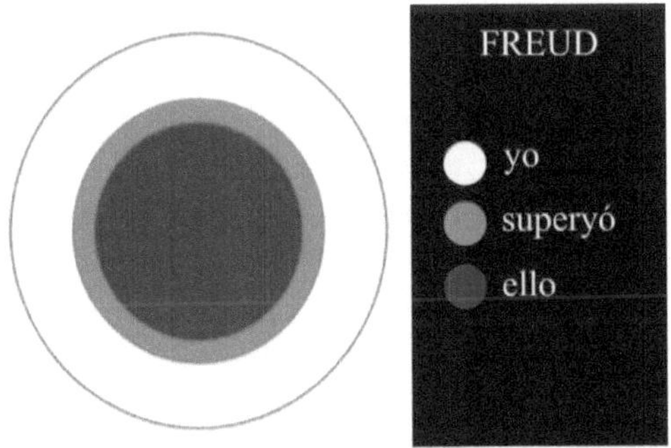

El centro, lo ocupa el ello. La periferia interna, la ocupa el superyó, el aspecto represivo y normativo. La periferia externa es parte del yo y, en términos de Freud, nuestro sistema percepción-consciencia.

No osamos abordar esta gráfica en un sentido cerebral. Únicamente nos resulta útil porque explica aspectos complejos y sumamente oscuros.

La característica esencial, a partir de Freud, de toda psicología profunda o como preferimos, de toda metapsicología, es que no se ocupa del yo, sino de los estratos más profundos del mismo.

10

Modelo psíquico integrativo de base psicoanalítica

Hemos llegado, por fin, a tener un panorama, abrupto y recortado, del psicoanálisis. Ahora trataremos de elaborar sus aspectos integrables. Resulta difícil no estar de acuerdo con la imagen novedosa de hombre que presenta Freud, pero como esto no se trata de gustos y pareceres, sino del pensar y la ciencia, nos vemos forzados a, fuera de esta imagen, conservar algunas ideas, pero *sin radicalizarlas*. Es notorio que al estudiar cada uno de los autores de psicología, siempre surge a la vista, que el énfasis recae en ciertas áreas, descuidando otras o absorbiéndolas sin demasiado esfuerzo.

Sin duda conservamos el aspecto mencionado de la psicología profunda. No buscamos resolver lo evidente, sino que a través de la superficie tratamos de acercarnos al centro.

Ahora bien, Freud trabaja su obra en términos dialécticos. Considerada epistemológicamente, la dialéctica es un arma muy peligrosa. A diferencia de las falacias o del sofisma, la dialectización de las ideas mantiene siempre observables a los hechos. En pocas palabras, el dialéctico, siempre encuentra lo que busca, ya que lo que busca, él mismo tuvo el cuidado de haberlo depositado previamente allí. Toda dialéctica opera en base a una lógica cerrada. Es por esto mismo, que un sistema teórico de estas características, sin forzar demasiado, es capaz de explicar *todo*. Pero siempre a partir de su propia lógica. Por eso Freud mantiene su postura sin desvíos desde su inicio (1991a, p. 30) hasta el final (1991j, p. 29).

La clave absoluta del sistema dialéctico, es su lógica interna. Más aún, la clave, en este caso, es preguntar hacia qué se orienta cada vez que piensa. En el caso de Freud[6], no existe mucho debate: siempre resuelve sus ideas en una cosa: *lo sexual*.

A priori, no podemos aceptar la preeminencia de lo sexual por dos razones: la primera, es porque la multiplicidad de fenómenos psíquicos, parece no siempre ordenarse en esa síntesis y segundo, porque esta interpretación, está generada desde la arbitrariedad de una lógica

---

[6] Otra dialéctica famosa también queda en evidencia por esta simple pregunta: Marx siempre resuelve su teoría en la oposición amo-esclavo, a partir de la revolución proletaria, por ejemplo.

teórica. Sólo aceptamos la preeminencia de lo sexual en los casos o en los hechos de que este aspecto quede en marcada evidencia y se manifieste así, por sí mismo[7].

En otras palabras, el llamado Complejo de Edipo, sólo es relevante si se muestra de esa forma.

Descartamos, por las mismas razones, la idea de un superyó, ya que el mismo es creado a partir de una angustia mítica, a una castración, también especulativa.

Esta aceptación sólo fenoménica y parcial de la lógica psicoanalítica, dice más de nuestra perspectiva que de la teoría de Freud. El análisis mismo, en nuestra psicología, no debe apuntar a aspectos parciales a no ser que los mismos se muestren, por fuerza, abierta o encubierta, como relevantes.

Consignemos aquí a nuestra primera gráfica de nuestro modelo psíquico.

---

[7] Estos serán revelados en forma abierta o velada por el paciente, pero sólo por el paciente. Debe quedar claro que no rechazamos esta posibilidad, pero sí la forma en que el psicoanálisis la ve "en todo" [cosmovisión]. En algún momento, cuando abordemos la clínica, desarrollaremos en profundidad este problema.

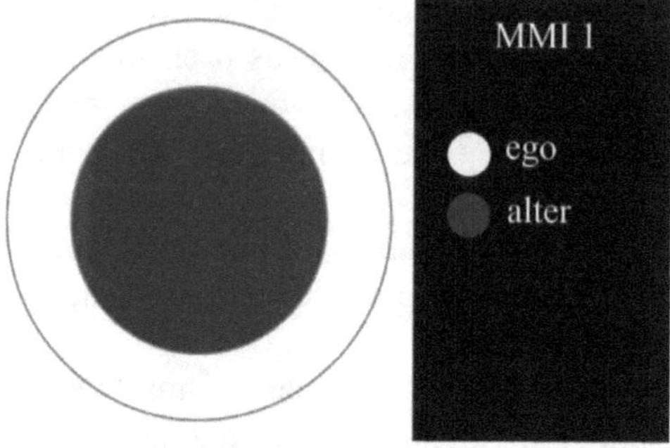

Como se observa, está ausente el superyó. Sólo forman parte de ella el yo y el ello, a los cuales llamaremos *ego* y *alter*, para diferenciarnos de la teoría creada por Freud.

Luz y oscuridad

Queda fundada nuestra postura en torno a la teoría de Freud y lo que nos llevamos de ella, base de toda construcción a posteriori. La capacidad teórica de Freud es inigualable, por tanto es altamente recomendable su obra, tanto para el estudio, como para adquirir mirada analítica.

El psicoanálisis permite explicar nuestro centro oscuro y primitivo, como así también las guerras por el deseo y el poder.

Un antropomorfo de estas características, puede parecer una caricatura superficial de nuestra psiquis, pero antes, explica en buena forma lo que ocurre en nuestra cultura y cómo la misma se ha formado en base a la culpa (angustia) judeo-cristiana. No caeremos en morbosos ejemplos, baste con mentar nuevamente los diarios o la historia.

Si nuestro mundo civilizado parece desarrollado y evolutivamente avanzado, recordemos que debajo del mismo, se esconde este ser irracional, grotesco y sádico.

El mismo se observa fenomenológicamente en todos los estratos sociales, con o sin educación. La única diferencia radica en la sofisticación. Es esperable que en personas más educadas, estas fuerzas oscuras, operen en forma soterrada. Esperarán, claro, es momento adecuado para acuchillar (simbólicamente) a su oponente para alzarse con el lugar o la posición de poder.

Lo mismo podemos decir de la novela familiar, donde las rivalidades se observan en forma abierta o encubierta, así como también en nuestros queridos amigos observaremos veladas envidias, raptos de egoísmo y pareceres destructivos.

El psicoanálisis de Freud hizo posible visualizar la hipocresía social de forma descarnada y chocante. En realidad, el gran pecado, fue de dotar el amor infantil, de aspectos sexuales. Fue por este punto que le surgieron los reproches y los rechazos iniciales.

Freud fue capaz de ver oscuridad en la luz, pero es y seguirá siendo recordado por ser capaz de poner luz por sobre la oscuridad.

Un fuerte egoísmo preserva de enfermar, pero al final uno tiene que empezar a amar para no caer enfermo, y por fuerza enfermará si a consecuencia

de una frustración no puede amar,
(1991g, p. 82).

2. ADLER

Adler Intro

Adler crea la Psicología Individual, independizándose del pensamiento de Freud tempranamente. Su obra, por propio peso, nos brinda una perspectiva de la que no podemos prescindir. Buscaremos en ella los aspectos esenciales que puedan ser integrados.

12

Individuus

Psicología Individual es psicología de lo indivisible [lat. *individuus*]. Para Adler, el individuo es un todo coherente, que con o sin consciencia de esa totalidad, no puede ser entendido a partir de aspectos parciales. Cualquier aspecto del individuo habla de esa totalidad a la que siempre el sujeto refiere, (1958, pp. 9-13).

Esta totalidad es independiente a la consciencia o puede independizarse de ella.

Esta totalidad está dirigida siempre hacia el futuro, hacia la construcción de un destino.

Esta totalidad posee unicidad y un carácter que aún en la neurosis puede ser reconocido por un psicólogo experimentado.

El carácter indivisible de la persona, es el punto de partida de esta teoría que, privilegia lo social.

13

Estilo de vida

Fenomenológicamente el individuo se nos presenta como un todo aún fragmentado. En esta fragmentación, será observable, en el *estilo de vida*, esto es, el estilo de afrontamiento constante del individuo, lo que lo hace único, (2004, pp. 16-23). Por este aspecto que marcamos en la Psicología Individual, es que la incluimos como base metapsicológica. El psicólogo individual trabaja desde la superficie, pero trata aquello que a simple vista no se ve.

La máxima de la Psicología Individual es la de *reducir los síntomas a una mínima base común*, (1958, p. 36) esto posibilita la emergencia del individuo; esa totalidad indivisible.

La reducción nos conduce a lo que Adler llama el estilo de vida.

El estilo de vida es una especie de frecuencia en la que vivimos, sería lo inmediato en tanto mental y mundano, pero es creado en relación al individuo. Sería la posición que el individuo asume (en forma inconsciente en general).

Una de las formas en las que Adler llama a su psicología es psicología de *posición*, antes que de *disposición*. No es tanto lo que nos pasó, sino la actitud que adoptamos al respecto[8].

Asimismo, el estilo de vida nos remitirá al finalismo ficticio, que son las fantasías que el individuo crea en relación a su mundo.

Se entiende que las ficciones girarán en torno para compensar la inferioridad o, y esto es novedoso, *contribuir a la obtención de la meta.*

Es propia de la psicología individual la idea de que somos activos y creativos, fundamentalmente propositivos. No vinimos al mundo a sufrirlo. Vinimos a él a imponer nuestro destino, nuestro estilo de vida.

Esto, insiste Adler, será por la buena vía o por la mala.

El yo siempre tendrá metas o fines, más o menos conscientes a través de los cuales intenta alcanzar la totalidad [la perfección].

Toda esta psicología parece alejarse radicalmente del centro que vislumbramos

---

[8] Esto último inevitablemente remite a las posturas cognitivas actuales. También resonarán algunas ideas a las posteriores posturas existencialistas.

a través de Freud, un centro pulsional perverso poliformo, maligno en esencia[9].

Antes de comenzar con la integración, en este punto de apariencia irreconciliable, podríamos abandonar la tentativa. Simplemente son perspectivas completamente ajenas, completamente distintas, como si Adler y Freud fueran humanos de distintos planetas, con distintas biologías, con distintas psiquis, con distintas ideas.

Integrar es dejar que las disonancias, las diferencias y la separación se asienten. Debemos aprender a ver detrás de esto, de lo contrario, nuestra ciencia, seguirá estancada en fragmentos.

---

[9] En 1908 (*La pulsión de agresión en la vida y en la neurosis*) Adler propone, todavía con Freud, las pulsiones de agresión, las cuales considera innatas. Pero ese mismo año, publica también *La necesidad de afectuosidad en el niño* donde por primera vez hace mención al *sentido de comunidad* [Gemeinschaftsgefühl] donde agrega dos aspectos que cruciales en su concepción: el aspecto teleológico de la psiquis y la condición social. A partir de entonces, Adler, se ubica en casi un monismo energético.

14

Sentimiento de inferioridad

Volvamos al símil del hombre de las cavernas. Nos sirvió para entender la cosmovisión de Freud, deberá servirnos para entender las ideas de Adler. Habíamos dotado a nuestro salvaje de una fuerza y violencia por encima de la media. Notablemente, nuestro ser simiesco podía por fuerza doblegar a sus iguales, entre quienes no tenía comparación. Podía imponer así su voluntad y satisfacer sus deseos más repugnantes.

El error en nuestra metáfora consiste en que, justamente, lo dotamos de voluntad y poder ilimitados. Por lógica, deberemos retroceder sobre nuestros pasos. Las excepciones, por llamativas que sean, no pueden hacer regla.

La clave, para entender a Adler y alinear así sus ideas con las de Freud, es saber que este ser simiesco, está en todos nosotros. Sin embargo, como no todos tenemos dotes excepcionales, debemos aprender a reprimirlo, a domarlo, a sublimarlo. Todos tenemos un *alter*, pero no todos podemos dejar que el mismo se exprese en las buenas de sus deseos. Según este autor, todos cargamos con un *sentimiento de inferioridad* originario, propio de alguien que no dotado con las armas biológicas y psíquicas, debe enfrentarse con su propia incapacidad, (1978, pp. 53-75).

El simio humano en este caso no es reprimido, sino, por la propia incapacidad de expresarlo, es resguardado.

Podría afirmarse así que todos somos dictadores totalitarios y degenerados, pero como no tenemos ni el poder, ni los recursos, debemos guardarnos en la mediocridad que nos tocó vivir.

Esta afirmación, por insensata que parezca, puede confirmarse cuando observamos lo que hace la fama, el dinero y el poder inesperados generan en algunas personas.

También nos recuerda, al Anillo de Giges[10], citado por Platón. Si tuviéramos, el poder de volvernos invisibles, ¿lo utilizaríamos para el bien o para el mal?

Observamos que nuestro ser, con su insipiente inteligencia, pudo tomar noción del negro destino que se le acercaba de continuar tomando y utilizando todo cuanto pudiera.

---

[10] El hermano de Platón, en el diálogo [República], empero, utiliza el símil del anillo para probar que todos los seres humanos son malos por naturaleza.

Aún en su propia ineptitud, fue capaz de saber que existía un límite. Que debía doblegarse por propia voluntad o el destino, el tiempo, los dioses o sus iguales, en algún momento, lo harían.

Este segundo momento en la historia del hombre de las cavernas, abre toda una serie de posibilidades.

Recordemos que en Freud estaba mezclado, sin oposición, todo lo positivo y lo negativo dentro del centro [pulsiones de vida y pulsiones de muerte]. El desarrollo del sujeto, le hacía optar por el amor, como única forma de subsistencia.

En Adler, si observamos a través de la apariencia, el segundo momento es resuelto también por amor, pero no en el amor tan particular de Freud [la monogamia exógena] sino el amor a la comunidad.

> En este enlace cósmico, del que la vida del individuo es una parte, la tendencia hacia la triunfante adaptación al mundo que nos rodea es una condición necesaria, (2004, p. 167).

Pero salgamos de una vez por todas de este símil. No hay soledad más opresiva que la del emperador, en tanto y en cuanto, no tiene iguales. Si se desea amar [deseo del deseo] no existe otra salida más que aprender a amar al resto.

Al tener iguales, nuestro salvaje, no podrá optar por ponerse por encima, ya que al ser parte de lo mismo, si hace daño, se hará daño. Si viola, será violado.

El *sentido* *de* *comunidad* [Gemeinschaftsgefühl], debe ser entendido en profundidad, ya que no es un aspecto superfluo o hipócrita. No se ama para ser salvo. Se es salvo porque se ama.

Según Adler, es este sentimiento el que nos permitirá evolucionar y progresar como especie.

Si la persona fuera mala, ante la prueba del anillo de Giges citada, Adler buscaría en su infancia lo que causó aquel sentimiento de inferioridad. Su expresión de maldad no sería más que un intento de compensar esa inferioridad, (1958, p. 42).

Según este autor, una vez que encontráramos el anillo, lo utilizaríamos para el bien social, si no tuviéramos ningún aspecto neurótico que lo impida.

Todos tenemos, en efecto, algún rasgo de maldad, puesto que en alguna medida hemos vivido la inferioridad de Adler[11].

El sentimiento de inferioridad, esto es fundamental, no es la causa de la patología. Antes, la patología es una forma de escapar al sentimiento de inferioridad.

---

[11] El sentimiento de inferioridad es el correlato adleriano del complejo de castración en Freud.

15

Afán de perfección

El Afán de Perfección, la meta última del individuo, tiene dos formas de manifestarse. El egoísmo es contrapuesto al interés social. Es evidente que alguien que no ha superado su sentimiento de inferioridad, compensará sus acciones queriendo ser el primero, el mejor, y sin importar los medios utilizados para este fin, perseguirá la atención de los otros a cualquier precio. El interés social, surge, naturalmente, a través de un enfrentamiento y superación del sentimiento de inferioridad, el cual, es compensado a través de metas, pero las mismas van siempre de la mano con intereses sociales y comunitarios, (1978, pp. 76-86).

Como dijimos, el Afán de Perfección se expresa en todos nosotros, con o sin consciencia.

Es la vida misma y su empuje siempre hacia adelante.

Viajamos hacia una meta a partir de ficciones que creamos en nuestras fantasías, las cuales son engendradas en lo profundo inconsciente.

Si estas fantasías sólo corren por vía pasiva, y no les damos expresión social – siempre social- nos encontraremos con un sentimiento de inferioridad asumido.

En este sentido el mundo y la vida nos parecerán enemigos, pero en el fondo, este destino, es creado por nosotros al asumir la inferioridad.

Lo opuesto de asumir, es compensar. Si estas fantasías se desvían del natural curso del Afán de Perfección, se expresarán a través de grotescas formas de egoísmo. Aquí estaremos frente a un sentimiento de superioridad, lo cual no es más que una inferioridad sin trámite.

La voluntad en Adler es una fuerza creadora, tendiente a la plenitud, la perfección y la integración.

Esta fuerza emerge, en principio, como intento de superar la indefensión a la cual somos expuestos desde el momento del nacimiento.

16

Cuaternidad social

Llega el momento de modificar nuestro modelo mental a la luz de las ideas de Adler. El círculo, imagen del individuo, continúa intacto, pero su énfasis en los aspectos sintéticos, nos lleva a crear una nueva gráfica. Introducimos aquí la cuaternidad social o comunitaria. Cuestionaremos algunos de sus puntos fundamentales.

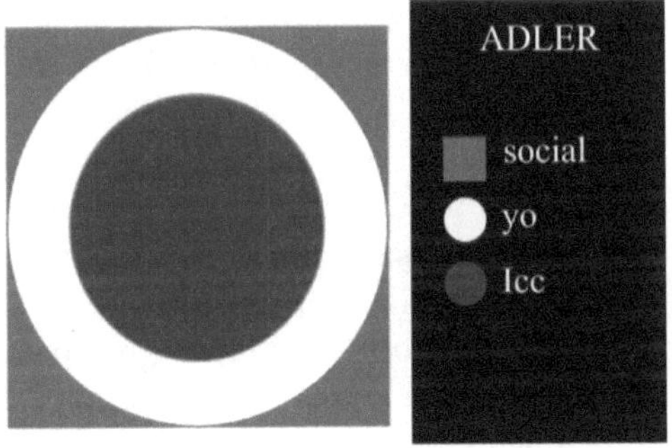

La cuaternidad encarnará la relación individuo-comunidad en su múltiple expresión.

Primero, Adler habla del amor de tipo erótico, de relación y pareja.

En segundo lugar nos encontramos con el amor de tipo filial; amigos, compañeros de trabajo.

El tercer aspecto implica el trabajo, que es la realización en el ámbito material.

El cuarto aspecto general es la relación con la comunidad en sí, la vida en comunidad.

Según Adler, fenomenológicamente, estos son los aspectos más importantes de cada individuo. Él las llama las *tareas de la vida*.

Su psicología, si bien es analítica, propone síntesis más intensas y activas, esto es, una vez encontrado el problema, el mismo, se soluciona *en el mundo externo*.

La imagen de individuo que nos brinda Adler, bien puede cuadrar a la perfección, con cualquier occidental y sus valores, la pareja, la familia, el trabajo. ¿Es esto extrapolable a otras culturas? ¿No puede ser esta idea una sutil forma de sometimiento ante lo socialmente aceptado? ¿El individuo no podría ser estrictamente completo estando solo?

Adler ve en estas *tareas de la vida*, la razón fundamental de la existencia. ¿Podemos mantenerlas?

En alguna medida, resulta difícil escapar a las mismas, trascendiendo las culturas. En cualquier sociedad encontraremos alguna forma de amor, alguna forma de trabajo y alguna forma de relación con la comunidad[12].

Dejemos sus ideas entre paréntesis hasta que podamos encontrar algún esclarecimiento ulterior.

Conservemos el cuadrado como expresión de la relación del individuo con el mundo externo.

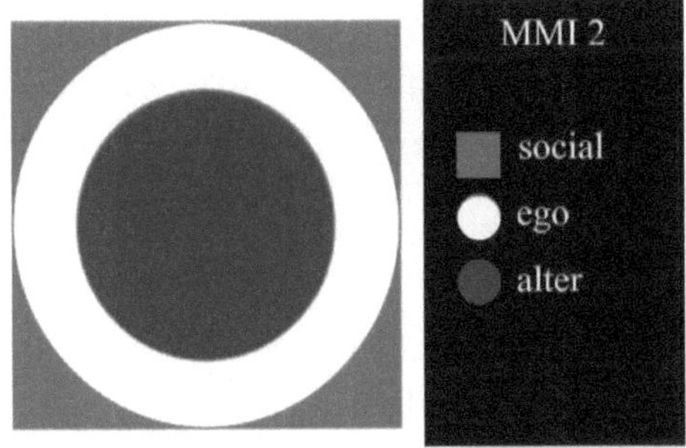

En nuestra imagen vemos pocas modificaciones. En Freud, no obstante, el yo es algo más pasivo que en Adler. En Adler el yo, es el eje del destino: activo, creativo, propositivo. Dueño de la voluntad y constructor activo de la vida.

---

[12] Es difícil aceptar este tipo de ideas en la ciencia ya que son o generan algún sentido de valor. Si no "cumples" con esas "tareas de la vida" tu vida no vale. Ante la tristeza que se apodera del mundo, por no poder cumplir con los altos estándares impuestos socialmente, no podemos tomar estas ideas sin cuestionarlas en profundidad.

Si bien en Adler (2004) sólo existiría algo similar a la pulsión de vida, debemos conservar a nuestro alter, aún con las pulsiones de muerte freudianas.

Una de las críticas más duras a la teoría adleriana, apunta a la superficialidad de sus ideas. Es tomada como una psicología del yo oxigenada con la idea de inconsciente.

No concordamos con esta posición. Si he logrado explicar correctamente sus ideas, se verá la profundidad de las mismas. Por eso la incluimos en la trilogía metapsicológica. No atiende al yo como aspecto fundamental, sino que se sirve de él.

Mencionado esto, creemos que el máximo aporte que hace Adler es en relación a la conceptualización social y comunitaria, siendo que sus ideas están filosófica y científicamente fundamentadas, nos cambió el esquema (en el que sólo parecía haber adentro).

17

Tridimensionalidad

En torno a la interpretación, Adler padece de la misma unilateralidad de Freud. Observa en el complejo de Edipo, un intento de imposición de la voluntad y el poder, no lo ve como algo sexual. Si se me permite esta errada expresión, en Freud todo es amor, en Adler, todo es voluntad. Esta guerra es expresión del *alter*. Sería fácil decir: es un poco de esto y de lo otro. Esta aparente resolución dejaría, antes, el problema intacto. Abordemos nuevamente el *alter* como fuerza emanadora de pulsiones. Si concebimos este *alter* como un centro de energía pura, la misma, sólo será expresión de algo, una vez que deje el centro, no antes. En otras palabras, en ese centro, por fuerza, no pueden existir pulsiones de poder o pulsiones de amor, ni de vida ni de muerte, ya que no están activas: sólo hay energía. Una vez que estas pulsiones son emanadas del centro, cobran sentido.

Pero salgamos un poco de estas abstracciones desagradables. Es, como si en definitiva, Freud y Adler, descubrieran dos mundos, ambos superpuestos.

Por un lado, podemos describir las guerras por poder. Digamos, las guerras por intentar sobresalir, por destacar, por ser el número uno; luchas visibles en todos los ámbitos sociales, de los altos a los bajos, de los culturales a los primitivos.

Por otro lado, tenemos las guerras por amor, las cuales son en suma, las guerras porque nos quieran, nos admiren, en fin, nos amen.

Si unimos estas dos visiones, tendremos un cuadro con tres dimensiones, es decir, muchas de las cosas que no pueden entenderse por poder, deberán explicarse por amor y viceversa.

Si miramos a los ojos a nuestro monstruoso humanoide, veremos que en su sadismo, hay miedo. ¿Busca amor? ¿Busca poder?

Para que nuestro monstruo pudiera decirnos algo, debería ser capaz de poner en palabras esa energía, es decir, tendría que ser capaz de hablarnos, sobre lo que le ocurre.

Si contemplamos este panorama en tres dimensiones, se nos aclarará bastante, pero no lo suficiente. Está el problema fundamental de la traducción. ¿Qué quieres? *No lo sé*.

Llamaremos a este problema, solucionado sólo en parte, como el problema x de la psicología. Es la expresión del mundo interno en el mundo externo.

Es un problema que nos implica a todos. Y es un problema de expresión, no lengua o no únicamente de lengua.

3. JUNG

Jung Intro

Jung es el último eslabón de la trilogía metapsicológica. Su obra es compleja, multicultural y oscura. La introducción de lo inconsciente colectivo, nos brinda un anticipo a la modificación de nuestro modelo psíquico. Su visión es tan radicalmente distinta a los autores anteriores que, nuevamente, podemos perder de vista el rastro integrativo.

Esto no es algo propio únicamente de Jung. Tanto Freud, como Adler, generan teorías, válidas en sí mismas, coherentes, perfectamente estructuradas, como si en ellas visitáramos un mundo nuevo y extraño. Lo mismo ocurre, en buena medida, con todos los autores que veremos a posteriori. Desde una lectura objetiva, no hay razón alguna para tomar partido por uno u otro. Al mismo tiempo, si se estudia en profundidad cualquiera de sus obras, se tendrá la certeza de que en el fondo, están en lo correcto.

La clave es la oposición. Si sólo hubiera Freud o Adler o Jung, sin oposición teórica y práctica, los mismos se transformarían en un saber, imperfecto e incompleto, pero con reminiscencias a los dogmas de la Edad Media. Necesitamos, en sentido amplio, la oposición y la diferencia en las perspectivas.

Si esto es así, ¿por qué integrar? Si cada autor tiene su propio peso, ¿cuál es el sentido de querer buscar acuerdos? El sentido es la riqueza, resultado de la integración. Fenomenológicamente los autores parten, forzosamente de ciertos aspectos, parcializados. Lo que en uno es todo, en otro es fragmento y viceversa. De estas oposiciones, necesariamente surgirá una visión más amplia. Que esto es difícil, lo es. Que es necesario, lo es también. Que si miramos a nuestro alrededor y vemos la época en la que nos toca vivir, pasa a ser imprescindible.

Se trata de pensar la integración, en sentido amplio.

18

La ilusión

Jung nos presenta un inconsciente complejo, múltiple y superpuesto, pero con algún orden subyacente. Para acceder a él, lo haremos a través de la persona, la máscara que todos nosotros formamos cuando nos relacionamos con el mundo externo, (1985a, 1985b)[13].

Este aspecto de máscara [persona] normalmente se ve reflejada en la ocupación o trabajo. Es la persona *tal como se presenta*, [fenomenología] no tal como es.

Un aspecto peligroso, según este autor, radica en si esta imagen externa, ocupa un gran espacio y el individuo se identifica radicalmente con esa imagen.

Es el yo en el sentido más pragmático y funcional.

La escuela, la familia y el trabajo, suelen requerir ciertas funciones o ciertas formas de comportamiento –los llamados

---

[13] Capítulo llamado Definiciones de los Tipos Psicológicos, tomo II.

roles- los cuales forman una máscara social en cada uno de esos ámbitos[14].

Esta forma de comportamiento funcional puede extenderse sin mayores consecuencias, escindiendo el yo en forma socialmente adaptada.

No existe peligro alguno en dicho comportamiento, a no ser que las imágenes comiencen a separarse brutalmente -"un ángel en la calle, un demonio en casa", dice Jung como ejemplo.

El Retrato de Dorian Gray funciona como imagen literaria para esta forma de comportamiento.

Es lo primero que vemos de alguien cuando se nos presenta, hablamos con él y lo observamos actuar dentro de su mundo. Es el conocimiento de la superficie, de lo políticamente correcto, de lo socialmente aceptado, de las normas y patrones de comportamiento, de la tendencia a querer agradar y *dar una buena imagen*.

Naturalmente, queremos ir más allá de esto. Es detrás de la máscara donde el ámbito de la psicología comienza.

---

[14] Esto nos fuerza a volver a cuestionar críticamente el marco social generado a partir de Adler.

La sombra

Aparece la sombra como instancia más allá del yo, (1997, pp. 22-24). Es un *arquetipo*, el cual nos posibilita retomar a nuestro hombre de las cavernas. La sombra es, en esencia, el lugar donde no llega la luz. Nuestro animal salvaje despierta al inicio del anochecer. Nuestro ser, completamente bestial, abre sus ojos desde allí. Es el hábitat de lo diabólico, lo sexual, lo primitivo animal.

Nuestro humanoide lucha incansablemente contra estos impulsos, los cuales le llegan, cuando nadie puede verlo, como fuerzas insoportablemente poderosas, le poseen y le impulsan hacer *aquello que no quería*.

Habíamos pacificado y socializado a nuestro hombre, pero al parecer, sólo lo libramos del "mal" a la luz del sol, pero nada dijimos de las sombras, nada hablamos de sus impulsos más oscuros, del animal salvaje escondido.

No nos perderemos en ejemplos. Alcance con hacer mención, nuevamente al paso, de los diarios, aquello que ocurrió en la noche y se revela al alba.

Nuestro amor y sentimientos comunitarios, no bastan. Si en el amor de la familia, en el amor del resto de sus iguales, todavía existe algo más fuerte que él, no quedará más opción que hacer frente a este lugar oscuro.

Quisiera remarcar aquí el carácter posesivo de los animales de la sombra. Al día de luz, se observará siempre el lado bondadoso y amable. Es el lugar moral, ético y políticamente correcto.

La sombra es el lugar del otro, por eso mismo.

La sombra es una barrera en sí, la cual normalmente es representada por figuras oscuras. Una vez que esta barrera sea trasvasada daremos luz sobre los dos aspectos fundamentales de energía, arquetipos que, al igual que la sombra, tienen más relación con el yo consciente.

Los dos arquetipos fundamentales e inmediatos a la sombra son el *ánima* (inconsciente femenino del hombre) y el *ánimus* (inconsciente masculino de la mujer).

Es necesario parar aquí, ya que entramos al *inconsciente colectivo*.

Esta idea hace referencia a la unidad reinante y diversa en las imágenes y figuras místicas en la historia humana.

La similitud en los héroes, los dioses y las figuras sagradas de todas las culturas, hacen referencia a este inconsciente, a través del cual se "crean" dichas historias.

Sólo tiene significado lo no comprensible. El hombre ha despertado en un mundo que no comprende y por eso trata de interpretarlo, (2003a, p. 38).

Jung resulta irreconocible sin un mínimo conocimiento de dioses, mitos y rituales sagrados; la ignorancia del etnocentrismo occidental no sirve aquí de justificativo.

Al mismo tiempo, resultará simétricamente insuficiente la concepción del símbolo sin la movilidad mental que produce dicho conocimiento.

20

Sizygia

Lo femenino y lo masculino son, en esencia, dos fuerzas contrapuestas, que pueden tornarse complementarias o contrarias, (1997, pp. 25-35). Sin embargo, es imprescindible recurrir a ellas, ya que se articulan, generando energía para llegar a la acción. Debemos remitir a nuestro centro (alter) para entender el desarrollo de la energía o libido.

La energía psíquica, según Jung, se distribuye en pares de opuestos, (1954, pp. 24-84)[15].

Recordemos que esta ya no es, una energía sexual, sino *anterior a toda possible expresión*. Es más abstracta, pero opuesta en fuerzas.

Tampoco refiere a la vida o a la muerte como opuestos absolutos. Es una forma de oposición cercana al día y la noche, el sueño y la vigilia, la luna y el sol, y lo dicho, lo femenino y lo masculino.

---

[15] Jung explica aquí el desarrollo energético en sentido abstracto, de lo cual se vale de analogías con la física y luego, en sentido energético psíquico, es decir, en términos de libido.

En Jung, a medida que nos acerquemos a ese centro, tendremos arquetipos más y más puros, expresiones psíquicas menos específicas.

Para Jung, lo alto y lo bajo de la psiquis, son un todo. Es imposible concebir lo bajo sin lo alto y viceversa.

Podría servir de ejemplo el Árbol de la Vida de la mitología Celta, donde las ramas (espíritu) tienen conexión con las raíces.

La consciencia, entre estos dos polos, opera como unión y conocimiento. Sin consciencia, los polos seguirán siendo opuestos y la división será más grande en tanto y en cuanto más alejado estemos de la consciencia, y de que esta oposición es interna.

Mientras más inconscientes seamos de que esta lucha es algo interno, más la veremos como algo ajeno y externo. Encontraremos así, enemigos miles, fuerzas hostiles, ángeles y demonios en el campo de batalla proyectado.

Los sueños, los mitos y, en general, los símbolos, ayudan a transmutar la distancia entre principios en nuestro interior.

Por esto mismo, en Jung, la interpretación de los sueños, antes, corre por cuenta de una ampliación de consciencia.

21

Lo numinoso

En Jung el arquetipo central o primordial, es el centro, el self, el sí mismo. En el centro mismo de la psiquis, nos encontramos con el origen de lo numinoso, lo misterioso en cuanto tal. Esto, marca una diferencia fundamental con lo hasta aquí visto. Toda esta energía, emana y toma la forma expresiva (imágenes, palabras, emociones, arquetipos, símbolos) desde este centro primordial. Dotemos a nuestro hombre simiesco de este centro.

En un principio, los infinitos cielos, las poderosas aguas del mar, las estrellas, el sol y las estaciones, fueron vistas como dioses o manifestaciones de dioses.

Es propio que nuestro primitivo hombre honre con su esfuerzo a estos dioses naturales. La monstruosa inmensidad y el poder de los mismos, eran suficiente argumento [misterio] como para hacerlo.

Los primeros dioses devinieron de las necesidades propias de nuestro primitivo.

En Jung estas ideas no deben entenderse como algo trascendente a lo psíquico. Es en el centro donde se encuentra lo sagrado, que no es imagen, es lo que hace posible a toda imagen así como también explica el misterio que generan.

Jung nunca intentó interpretar las creencias de otras culturas, antes, quiso entender por qué se producían esas creencias.

El sí-mismo no es Dios, pero es la condición de posibilidad del mismo. Trasciende a la experiencia, puesto que se encuentra en el inconsciente colectivo, manifestándose en ella y a partir de ella.

Retomemos aún más en profundidad la idea que veníamos trabajando con Adler y Freud acerca del tratado de paz.

Observamos que tanto el amor (Eros y Vida) como el sentimiento profundo de humanidad (comunidad) no eran suficientes.

A estas observaciones agregamos que tal vez esta guerra en tres dimensiones, podría entenderse mejor desde la consciencia.

Si este centro, estuviera en la consciencia, trastornaría todo nuestros conceptos y sería, por fuerza, vano y superfluo. Pero aunque resulta una paradoja, aún en medio de la oscuridad más completa y profunda de lo inconsciente, el self tiene, necesaria relación con la consciencia.

El sí mismo, es la emanación interna, la cual será trastornada por la sombra hasta convertirse en algo irreconocible.

Según Jung, lo alto, está unido a lo bajo. Las raíces de la consciencia se encuentran, por fuerza, ancladas en la profundidad de lo inconsciente.

Sin la aceptación de esta observación, sería imposible concebir una consciencia que discierna y sea capaz de emitir juicios.

Al mismo tiempo, es posible explicar, a partir de esto, la luz. La oscuridad, a través de Adler, pero sobre todo Freud, estaba en buena medida clarificada, no obstante, la fundamentación de la luz era antes pobre o nula.

En la mitología Celta las raíces del árbol se asientan en los infiernos, llegando sus ramas al cielo.

22

Introducción del selbst

Se comprende, a través de esta también imperfecta y acotada síntesis, por qué Jung es parte de la psicología profunda y por qué no trabaja con el yo (o no sólo trabaja con él). Revisemos nuestro esquema a la luz de sus ideas.

Observamos en el centro el sí mismo. Este sí mismo, es resguardado por la multiplicidad de arquetipos, ánima y ánimus, y la sombra. Finalmente nos encontramos con el yo.

Para Jung los complejos son formaciones que absorben energía. Esto es, son dotados de un falso centro y adquieren así su patológica importancia.

La multiplicidad de complejos posible, debe ser entendida de por sí, en sí misma, sin buscar una causa en un complejo particular.

Nuestro esquema, a continuación, queda modificado por el centro, al cual, para diferenciarnos de Jung y de otra psicologías que utilizan el término sí-mismo o self, llamaremos *selbst*, opción en idioma alemán. Dejamos sin traducción el término.
En la periferia central continúa el *alter*, luego el *ego*.

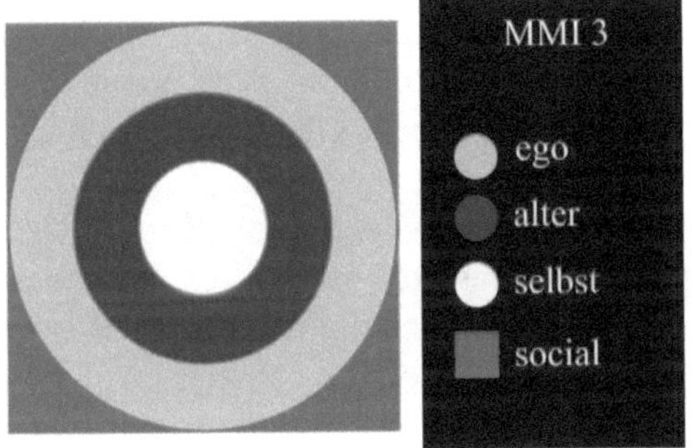

23

Símbolos

Jung nos brinda un punto de anclaje oportuno para intentar una reflexión epistemológica profunda. Se trata de aceptar que el misterio, en última instancia, no puede ser resuelto, al menos desde el conocimiento actual. Entrado el siglo XXI tenemos la peligrosa certeza de que sabemos. Y por el estado del mundo, el poco entendimiento que nos prestamos entre humanos y el desastre ecológico actual en marcha, bien podemos afirmar de que si sabemos algo, no es relevante. Y no es relevante, por los efectos que provoca.

Conservar un centro del misterio, como tal, nos garantiza, no caer en los efectos contraproducentes de la certeza del saber. Freud tuvo la certeza sexual. Adler, en tanto, manejó la certeza en torno al poder, al igual que Nietzsche, (Jung, 1938).

El precio de llenar el misterio con una explicación unisimbólica del mismo, es que éste, fuerza a compensar la incapacidad de respuesta, por el dogma.

Cuando afirmamos que el misterio es el selbst, no respondemos al misterio, sino que lo dejamos vacío. Pero este vacío no es un vacío materialista, insisto, en el sentido de la ciencia occidental.

Si trazamos una línea kantiana (Kant, 1988) entre fenómeno y número, tenemos la diferencia entre lo conocido y lo desconocido. De nuestra psiquis, como de todo cuanto existe, sólo podemos observar sus efectos, es decir, el fenómeno. En nuestro esquema psíquico, todo lo fenomenológico, llega hasta el selbst, luego de ese punto, sólo tenemos vacío. Es algo que parece ordenar, que parece unir, que parece ser creativo, que parece saber cosas que muy lejanamente intuimos. Cerca de este punto, trazamos otra línea. Con nuestra forma de pensar y conocer actual, no podemos acercarnos más allá. Necesitamos reformular el conocimiento como nunca en la historia.

Jung, a diferencia de estos dos autores, logró este equilibrio. Lamentablemente, los seguidores junguianos han llenado el vacío con certezas, muy cuestionables. A diferencia de Freud y Adler, a Jung no le criticamos en esencia, el núcleo teórico, sino los efectos, que él mismo anticipó como desgraciados. Su psicología se ha llenado de misticismo barato, de habladurías y puerilidades propias de gente completamente ajena a la ciencia.

Y este autor, fue fundamentalmente científico. Seguir a los seguidores de Jung, es desembocar en un vacío aún más irredento que el materialismo cientificista.

Porque también dejaríamos a la razón. La razón, aquí, es esencial. El objetivismo, la mirada crítica, el experimento, no deben dejarse de lado por autores de dudosa reputación y cálidas palabras. Paralela y simétricamente, debemos comenzar a comprender los símbolos, en forma objetiva, abierta y dispuesta al misterio.

Sin esta pared y esta espada, no podríamos seguir adelante, sin caer en los que vimos que cayeron. Y en este punto es donde tenemos un conocimiento, también fenoménico y al alcance de la razón, de aspectos irracionales. Si investigamos las culturas primitivas, fuera de una perspectiva etnocéntrica, podemos descubrir que entendieron, un poco mejor, en líneas generales, al mundo, a la tierra y tal vez entre ellos. Si trabajamos esto sin romanticismo ni puerilidad, tendremos esa ansiada *otra* perspectiva.

Abrir la posibilidad de la simbólica, cambia todo y todo lo complejiza. No podemos creer que todo sea resuelto por un único símbolo. Nuestra psiquis, no es unisimbólica. Es simbólica. Es misterio.

24

El centro de integración

La trilogía metapsicológica [Freud, Adler, Jung] despeja el camino hacia la nueva psicología. Volveremos, una y otra vez, a estos autores en referencia y en influencia. Asimismo, marcamos una disrupción epistemológica. Trazamos la línea kantiana, pero en nuestro sistema, el noúmeno, siempre estará presente.

A fin de cuentas, es el individuo en donde se manifiesta y es a ese individuo al que le debemos el respeto del misterio.

Nuestro esfuerzo epistemológico, de aquí en más y al igual que Kant en su juventud es *despertar del sueño dogmático* (Kant, 1950) pero más aún: saber que este despertar no puede llevarnos a un nuevo dogma. Y por último lo primero: ser consciente de que los dogmas.

1.A. LACAN

Lacan Intro

Cuando uno intenta huir con insistencia de un lugar, negarlo y diferenciarse del mismo, lo que suele terminar haciendo es corriendo hacia el mismo punto del que quería alejarse. El mundo suele recordarnos con insistencia que es circular. Lacan es uno de los máximos exponentes del pensamiento occidental.

Lacan denuncia que la verdad es la mentira, pero encuentra la otra-verdad, en lo no dicho de la mentira. Desde la lectura que hace de Freud, termina por encontrar otra-verdad tan occidental y moderna, que es difícil estudiarlo sin asombrarse de su espíritu.

Su obra influye porque es un autor exquisitamente sutil, fascinantemente sectario e intelectualmente seductor. Esas son sus mayores virtudes y por complemento, sus mayores defectos. Es tan sutil, que raya lo obsesivo; tan sectario, que raya la profecía; tan intelectual que cae en incoloros conceptos.

No obstante, aquí está. ¿Por qué el deseo de un sujeto puede generar un Lacan?

Eso es lo fascinante de todo esto. Que exista un Lacan, un Piaget, un Wundt, un Jung, un James. El tratarlos, es un gran honor y placer. Estudiarlos, es entablar un diálogo con los espíritus más brillantes de la historia.

25

Tres conceptos

En la obra de Lacan emergen tres elementos como sitios de reflexión: el deseo, la castración y el Otro. Dichos elementos orientan su pensamiento.

El deseo, es un deseo inconsciente, no del todo libre, ya que básicamente es un deseo estructurado. Es la pulsión, el fantasma, el objeto a.

La castración aparece mutada en numerosas síntesis. Remite a la ausencia, la incompletud y la falta, es el nombre del padre; pero es fundamentalmente el *límite*. La castración es el elemento articulador de toda estructura; sin la misma, el deseo sería una fuerza incontenible [goce], incomprensible, algo en lo cual perderíamos todo rastro de sujeto.

El otro, que es aquí un gran Otro, es lo que regula y ejecuta la función de los anteriores elementos. Se entiende que sin Otro, sería imposible la castración y por lo mismo, el deseo. El Otro es el *significante*.

El deseo, del que partimos, será cortado, fragmentado, reprimido, debilitado, castrado y alienado. Al mismo tiempo, será salvado y aniquilado, desterrado y agujereado, metaforizado y metonimiezado. Pero, y esto es lo importante, ¿qué podemos salvar de ese deseo? ¿Hay algo, entre esos despojos, que pueda servir a la cura?

El Otro

Sin el Otro sería imposible [la cultura]. El Otro es lo radicalmente ajeno, (2008a). El yo para Lacan es constituido por el Otro. Observaremos aquí, en líneas esenciales, al otro imaginario y al otro simbólico.

El otro imaginario es el primer aporte lacaniano, (2003a). La imagen especular, captada como una gestalt [una forma completa] contrasta con la incompletud y fragmentación del niño. El niño se siente completo [porque se ve completo] pero su cuerpo, en plena formación, es incapaz de responder a la voluntad más simple. Esta constitución, a la cual Lacan llama *ontológico paranoica*, brinda un conflicto, entre lo ideal completo y lo fáctico fragmentado. Lo fragmentado perseguirá a esta imagen.

Por otro lado, tenemos al otro simbólico, marcado por la alienación del lenguaje, (2008g). El niño es significado por otro. El niño no comprende ni esta significación ni este lenguaje. Al no poder significarse a sí mismo, excepto por lo ajeno, nos encontramos con el segundo tipo de alienación: la simbólica. El lenguaje, por sí mismo, se estructura como otro que si bien sirve de instrumento, en esta radicalidad, roba la esencia.

Lo imaginario y lo simbólico son dos elementos que por sí muestran la falta y alienan al sujeto. Vuelve una y otra vez la pregunta: entre toda esta alteridad y alienación, ¿hay algo que pueda salvarse?

27

Muerte supernova

Lacan, jamás dejará de enchular su dialéctica esencial. Tanto lo imaginario, como lo simbólico, si bien conspiran en la creación del sujeto, brindarán alguna herramienta salvadora, pero sólo en tanto no aparezca lo que escapa, tanto a lo imaginario, como a lo simbólico, siendo no sólo radicalmente otro, sino radicalmente irrepresentable. Aparece aquí lo real, (2008b).

Lo real es el abismo psíquico, lo inconcebible, lo trascendente a toda representación y, finalmente, el último eslabón en la alteridad. Lo real no puede ser definido y por tanto, sólo puede metaforizarse o representarse en forma críptica y contradictoria. No obstante, si algo es claro, es que lo real cumple la función última, es la estructura [no estructurada] que posibilita toda estructura. La puerta a lo real es la locura, sin lo simbólico como intermediario, no podríamos jamás acercarnos a ello y si lo hiciéramos, caeríamos en un infierno desde el cual sería imposible salir.

Puede parecer que nos hemos alejado radicalmente de Freud, siendo que hemos hablado de lo imaginario, lo simbólico y lo real, de una forma que, a primera vista, puede parecernos ajena; Lacan expresa con tanta singularidad los conceptos novedosos de su época, que resulta difícil, sin un cuidadoso análisis, escuchar debajo de lo que dice, las palabras de Freud. Lacan no sólo retoma al padre del psicoanálisis, sino que lo radicaliza. El ello freudiano, radicalizado, es este otro emergente como lo totalmente ajeno, lo totalmente inclasificable, la locura misma, en su núcleo y esencia [psicosis]. Tanto la imagen como el lenguaje son una especie de estructura copia de esta no-estructura estructurante.

Tratemos aquí de desentrañar esto que el autor postula. Retomemos la idea central de Freud de que existe un núcleo y que este se manifiesta a través de dos pulsiones, la vida y la muerte.

Iniciemos aquí un viaje por las estrellas.

Dijimos, al principio de este estudio, que Lacan piensa en tres cosas: el deseo, la castración y el Otro. Resulta que esta enumeración es errónea en su orden. La dialéctica correcta es: el Otro, la castración y el deseo. El Otro, es ello, fuerza impulsiva, compulsiva y repetitiva. Si esta fuerza, omnipotente, nos tomara, caeríamos en la desestructuración absoluta, perdiendo todo rastro humano [léase cultura] y nos consumiríamos con la violencia de una supernova. Este colapso radical, sólo puede ser impedido por la institución de algún límite, alguna ley, alguna referencia. Esta referencia se logra a partir del otro, la imagen y el símbolo. Esta referencia, en última instancia, es la castración constante a la que es sometida esta fuerza como una especie de canalización. Si dicha energía, fuerza o potencia, no encontrara canal alguno para ser sometida, destruiría hasta la última razón de la existencia, haciendo que un magnífico resplandor señale el fin, la anulación y la muerte. Pero las estrellas explotan consumiendo toda su energía, sino hasta que dejan de poder regular el proceso. En el lento morir de las estrellas, obsérvase un brillo intenso y constante. Este brillo, es el deseo. ¿Hallamos por fin respuesta a la pregunta por la cura? La castración, según Lacan, es ese mecanismo que opera como garantía de vida; sin ella, moriríamos de omnipotencia. Es en este viaje idílico por las estrellas donde finalmente emerge el deseo, surgente de la falta ontológica fundamental, la cual, nos habla de aquel resplandor que sin la castración no hubiese sido. Aunque un tanto forzado, se puede decir que lo original es el goce, del cual el deseo deviene copia. El goce es, en términos lacanianos, la pulsión de muerte y el deseo, la de vida. Aunque suene absurdo, ¿es la vida una copia de la muerte? Recordemos aquí que la muerte no es una muerte existencial; según nuestra metáfora, es la máxima explosión-implosión estelar. Es la supernova; por un instante, su brillo, se incrementa hasta 100 mil veces.

El goce nos llevaría a morir de placer, a morir en la repetición, a morir en una descarga orgásmica imponente, esencial, única y definitiva.

Esta iridiscente metáfora, explica el por qué existe esa innegable, pero constante y suicida, búsqueda sádico-masoquista de la humanidad. Como en Freud, también aquí puedo ahorrar ejemplos: ábrase un diario y se observará el triste estado de nuestra humanidad. Como en Freud, aquí también debemos elogiar la increíble y certera capacidad de Lacan de explicar la oscuridad. Simétricamente, nos obligamos a preguntar, ¿es la vida esa parcela que le robamos a la muerte? Si intentamos responder esta pregunta, quedaremos al borde del abismo, ya que delante de esta vida, no había nada y detrás, aunque nos prometan en paraíso, también parece haber nada. ¿Cuál es, entonces, el maldito sentido de emerger entre esta infinita nada? Peor: ¿cuál es el sentido de la consciencia de esta nada? El problema no es lo inconsciente; el problema es la consciencia. ¿Por qué la consciencia?

Muchos renegarían de esta serie de enojosas abstracciones, pero en lo que a mí respecta, son fuente de innegable placer; más aún, estas abstracciones, nos señalan un camino clínico. Cuando la energía no es correctamente canalizada por la ley, se producen fijaciones, dejando atrapado al sujeto en la pulsión de muerte. El analista hace visibles estas trampas que, pueden resultar mortales. El trabajo analítico irá salvando al sujeto de las cárceles simbólicas [el discurso del otro, el significante] y las cárceles imaginarias [las imágenes de las cuales ha quedado preso]. Entre estas prisiones aparecerá, librado-encausado el deseo. El habla, causa de la prisión fundamental, es también vía de liberación.

En esto Lacan merece crédito especial en tanto piensa el vínculo del habla como hasta el momento no había sido.

Pasemos a la elaboración crítica y a la transducción, si cabe, de nuestro esquema.

28

El retorno de Freud

Como Lacan no se aparta de Freud, nuestra crítica principal gira en torno a los *axiomas míticos*[16].

La esencia de la teoría lacaniana, no es menos cuestionable que la de Freud. ¿Por qué la estructuración del psiquismo habría de emerger del tiempo de la infancia primordial?[17] Lacan indica que la primera prisión es la imaginaria, a la cual se llega por una identificación con la imagen del cuerpo completo, (2003a). Paralelamente, tenemos la alienación producida por lo simbólico: el significante nos significa, (2008c). ¿Esto es siempre e irremediablemente así?

Tratar de posicionarnos aquí es como intentar detener una cascada con las manos. Lo que retenemos es infinitamente menor a lo que se nos escapa. Lo que hicimos con Freud, resulta difícil hacerlo con Lacan. Simplemente no podemos refutar la radicalidad de su postura por vía racional. Pero siempre hay una salida.

---

[16] Ver Freud, primer capítulo de esta obra.

[17] Por ejemplo, lo simbólico, sólo es instituido en el hombre por la función paterna, (2008d).

Centrémonos, justamente, en la radicalidad de su vórtice oscuro [lo real].

Es evidente, como dijimos, que por vía práctica no podemos refutar esta idea. Explica muy bien nuestro oscuro tiempo y sus patologías. No asombrará que en el devenir clínico nos encontremos con manifestaciones puntuales y exclusivas de este tipo de síntomas; así, inferiremos la estructura lacaniana por detrás. Buena parte de la humanidad está sometida a lo imaginario, en tanto imágenes idealizadas o demonizadas[18]. Simétricamente, podemos afirmar que la otra buena parte de la humanidad, está siendo sodomizada por lo simbólico; desde los logos dictatoriales, pasando por creencias increíbles, idealismos racistas, entre otras "buenas intenciones". La fenomenología lacaniana resulta *irrefutable*, pero hemos visto ya mejores términos para la expresión de estas ideas[19].

---

[18] Piénsese incluso en el simple fenómeno devenido a través de las redes sociales. La gente se esfuerza por mostrar una imagen idealizada irreal, de sí mismos, su familia y su vida; lo cierto es que detrás de las cámaras ocurre otra cosa.

[19] En nuestro esquema podemos incluir figuras idealizadas en el *ego*, mientras que las figuras demonizadas, estarían en el *alter*. Paralelamente, los logos imperantes, emergen como centros racionales alternativos a la propia razón del sujeto. Será más o menos inconsciente, dependiendo de la violencia de la idea.

Los axiomas míticos, tienden a explicar muy bien una parte de la fenomenología, pero niegan, minimizan o directamente rechazan aquello que escapa de sus logias. Tienden a explicar *todo* y lo hacen, en efecto, muy bien. Esto es, justamente, lo irrefutable de los axiomas míticos: explican con cabalidad exasperante. El problema, claro, no es ni la perfección de la explicación ni la explicación; el tema aquí es la reducción y negación de otras teorías. En realidad, tampoco importan demasiado las otras teorías; importan aquí, los *otros* fenómenos. Y en realidad tampoco importan tanto los otros fenómenos; importan los *otros humanos* que escapan a ciertas razones occidentales. Lacan –y digamos Freud- explican muy bien la miseria, la mediocridad, la gente normal, relativamente adaptada, relativamente "sana"; la hipocresía; algo también de la psicosis; algo también de la perversión; algo también las envidias, los celos, las pequeñas ideologías; casi todo el hombre occidental, en su esencia más íntima, en suma, se adentran en la oscuridad con cierta claridad[20], pero una

---

[20] Este es el aspecto moderno. Querer entender lo inconsciente únicamente por vía de la razón –que es lo que hacen Freud y Lacan- hace que esa misma razón se tambalee en endebles pilares. El psicoanálisis es el último embate de la modernidad iluminista.

vez allí, notan que aquello que los ayudó a bajar, no les sirve para subir[21].

Desde nuestra perspectiva, la difícil misión es tener en consideración a *todos los fenómenos psicológicos*, modificando así nuestra estructura, pero sin negar ni reducir los fenómenos a una idea o grupo de ellas[22]. Simétricamente, es muy poco lo que Lacan tiene para decir de, por ejemplo, la voluntad, lo femenino, la diferencia, la rebelión, el poder, los estados místicos no-psicóticos, Lacan-hombre, la meditación, el éxtasis, oriente, la completud, la perfección, la belleza, la creatividad, en fin, buena parte del mundo, de la humanidad, de la historia de la misma y su manifestación. La teoría lacaniana puede, punto por punto, explicar cada uno de estos fenómenos, pero sólo y sólo a través de la *reducción* y *negación*, para adaptar el fenómeno a su propia lógica. ¿Hasta qué punto es necesario sacrificar al otro para hacerlo parte de uno?

---

[21] Es algo que se repite en todas las filosofías de la sospecha. Foucault, por ejemplo, realiza un análisis sin duda brillante del poder, pero es esa misma brillantez, la que lo termina por someter.

[22] Esto, como está claro, no se trata de considerar los fenómenos por mera comprensión científica; es el fenómeno, la teoría y el *alter*; estas son las características esenciales de nuestro *sujeto* de conocimiento.

En este punto, no tengo más para decir.

> Ahí hay un hallazgo, el del
> aspecto   fundamentalmente
> parcial del objeto como eje,
> centro, clave, del deseo humano,
> (2008g, p. 170).

I.B. KLEIN

29

Campos de energía

Si nos aproximamos a los humanos como campos de energía, estaremos más cerca de comprender la teoría kleiniana. A esto debemos agregar algo que si bien ha sido considerado, no ha sido tocado en su radical profundidad y complejidad. Las ideas de esta autora, invitan a adentrarnos a una comprensión imposible; de que somos energía y que esta energía, es afecto, libido.

Si fuéramos una extraña criatura, con la posibilidad de ver esta energía, lo que veríamos de los humanos, sería muy distinto a cómo ellos lo ven y cómo lo comprenden. Esta excepcional posibilidad de visualizar energía, nos colocaría frente a un mundo completamente distinto. Veríamos, en esencia, el campo invisible en el cual los humanos viven inmersos. A través de esta visión esencial, observaríamos que aunque los humanos son la causa y el efecto de esta energía, les cuesta reconocerla como tal. Observaríamos, cómo despliegan esta luz, en otros, en sí mismos y en general, en el mundo.

Esta visión esencial, nos posibilitaría ver los colores del afecto humano. Siendo que, los colores opacos y oscuros, reflejan afectos y emociones negativas (pulsión de muerte) frente a los colores claros y brillantes, los cuales, responden a afectos y emociones positivas (pulsión de vida).

La trama compleja y mezclada de colores visualizada por estos aliens, es, como mínimo, asombrosa y fascinante.

Recordemos aquí que esto de la energía y los colores, es algo psíquico. No es ni metafísico, ni mágico, pero en tanto posibilidad de ver, tendríamos ante nosotros un espectáculo abismal.

30

El artefacto alienígena

Para seguir el trabajo kleiniano, deberemos contar con una conjetural generosidad alienígena. Supuesto, estos visitantes nos regalan dos artefactos, los cuales nos permiten *ver* el mundo interno y externo psíquico. El complejo entramado de esta visualización, deberá ser comprendido. Según Klein, la estructura fundamental de estos colores, queda determinada en la temprana infancia, (1987a, 1987b, 1987c, 1987d).

En los primeros meses de vida, lo que veremos, será una división radical entre colores claros y oscuros, (1987a). El bebé humano, se debate entre afecto positivo hacia su cuidadora (madre) pero también y al mismo tiempo, negativo. Las emociones negativas, se despliegan cuando la madre, no satisface sus necesidades. Las positivas, en cambio, aparecen cuando el bebé es alimentado y contenido afectivamente. Tanto el objeto del bebé (madre) como el sujeto (bebé) son elementos confusos y parciales. La madre, buena y mala, son dos madres. Una que es buena y satisface, y la otra, malvada, que frustra. [En esencia, un fragmento de ella, la conocida díada: *pecho bueno* y *pecho malo*].

Aquí ocurre algo extraño. Esta dualidad de la madre, producida por el propio bebé, le genera al bebé miedo y amor. Es el mismo afecto negativo emanado por el propio bebé, lo que al propio bebé, le produce malestar. Esto, hace que el bebé implore por el afecto positivo; esto es, que la madre vuelva a él y lo acune y proteja de lo malo [él mismo]. Klein llama a esta radical dualidad *posición esquizoparanoide,* (1987a).

Tomemos aquí el otro artefacto. Este nos permite observar en el interior.

Al secretar colores obscuros, el bebé, queda en medio de ellos y los mismos vuelven a él con fuerza. Estos colores le producen un terror abismal. En el interior del bebé, lo que ocurre, es lo siguiente: la parte buena y mala de la madre [siempre en partes] se asientan, esto es, el bebé *crea* estas primeras representaciones. Estas dos partes, internalizadas, comienzan a luchar en su interior[23]. Para este bebé, lo bueno

---

[23] La realidad psíquica es más compleja que el colorido mundo externo. Todo se produce en un espacio reducido, pero es reducido por el tamaño del observador, no porque en sí sea pequeño. Este interior, bien podemos afirmar, puede contener en sí mismo, todos los objetos del mundo y al mundo en sí, sin reducción de tamaño y sin superposición.

es extremadamente bueno; simétricamente lo malo. Estos objetos parciales bueno-malo, son omnipotentes, siendo capaces de irradiar tal poder, que pueden romper el propio mundo interno.

El bebé, para defenderse de estos objetos, no tiene más opción que recurrir a los mismos y en su violencia, actuar. Lo bueno, idealizado, es todopoderosamente bueno. Esta es la *invocación* que el bebé hará cada vez que se encuentre con sus propios colores obscuros. Lo malo, demonizado[24], es, también maligno absoluto. De estos fragmentos de madre, el bebé, ha sido capaz de crear un universo, habitado por un Dios y un diablo.

Hagamos un necesario paréntesis aquí. El bebé vive en un *continuo sensación*. Tanto este Dios, como este diablo, provienen de él, en tanto sensaciones agradables o desagradables.

Los colores emanados por el bebé, al ser contemplados por él, vuelven. Esto es, si emana amor, recibe amor. Este proceso, se llama introyección. La introyección, es cuando emanamos energía hacia el objeto y la observamos. La introyección, deviene siempre de la proyección. La proyección

---

[24] Curiosamente, esta defensa, demonización, nunca es expresada en cuanto tal por los kleinianos.

es la emanación de la energía. Esta energía, puesta en el objeto, es reflejada por él. Esta reflexión, es fundamental.

El objeto, también emana colores. Esto es, si la misma y exacta gama de colores, son emanadas, por ambos, al mismo tiempo, habrá coincidencia. Esto *confirmará* las emanaciones. Esta confirmación, es lo que se suele conocer como amor. Si con nuestro dispositivo alienígena observamos a dos personas amándose, observaremos el mismo tono e intensidad de color. Lo mismo ocurrirá si observamos a dos personas peleando. Pero aquí no hablamos de personas. Hablamos de una diametral asimetría. El bebé es vivido por sus proyecciones e introyecciones, en tanto el adulto, es capaz de amar, a ese bebé que por momentos lo ama y lo odia a puntos fantásticos. Naturalmente, comprendemos que la salud psíquica del pequeño, dependerá en gran medida de la salud psíquica del cuidador. Si el cuidador tiene aspectos de este mundo primario [posición esquizoparanoide], este mundo, se hará tan real y trágico para el bebé, que es posible imaginar lo difícil que será superar esta base para el pequeño.

31

La integración psíquica

Con el avance de los meses, comenzaremos a observar cómo este cielo e infierno, comienzan a integrarse, esto es, se vuelven poco a poco más realistas, no en un sentido objetivo, sino en relación a una estabilidad psíquica. Según Klein, entramos a la segunda posición fundamental, la posición depresiva, a partir de los cuatro meses de vida, (1987b).

El mundo caleidoscópico de la posición anterior, es intercalado por una *reflexión primordial*. Aquí el bebé nota que el objeto bueno y malo, son uno y el mismo. Por esta *integración*, el bebé teme que su propia maldad, haya dañado al objeto bueno. Y siente culpa y tristeza.

Observemos. Los colores positivos y negativos, reflejados por el objeto, vuelven. Pero ahora, el bebé nota, en forma inconsciente, que lo que refleja su energía no son dos objetos, sino uno. Su amor y su odio [rabia y furia destructiva] estaban dirigidos a un *único objeto*. Esto genera gran tristeza en el bebé y dependiendo de lo violento de sus fantasías destructivas, será su culpa. Culpa y tristeza por haber querido destruir aquello que se ama.

La ambivalencia fundamental, que gracias a este artefacto alienígena observamos, es algo siempre presente; habría que estar radicalmente escindido de lo emocional para no reconocer, al menos en parte, algo de estos procesos en nosotros mismos. Que no los podamos ver, no significa que no existan; que no los veamos, no significa que no estemos sumergidos en ellos a puntos absolutos; todo el tiempo y en toda forma.

El objeto, integrado, es como algo nuevo.
Esta integración, también se produce hacia adentro.

32

El yo inconsciente

¿Cómo es este interior? ¿Qué produce la luz? ¿Qué produce el color? ¿Cómo se recepciona el color emitido por otro? ¿Cómo se integra el mundo de los objetos internos? ¿Cómo se produce este proceso? Es evidente que responder estas preguntas es más difícil y complejo que sintetizarlo en una *secuencia cerebral*. Se entiende, al mismo tiempo, que cualquier teorización al respecto es altamente incierta, altamente especulativa, pero irremediablemente necesaria. Si pudiéramos, en efecto, *ver*, como en la metáfora del artefacto alienígena, nuestra teoría dejaría de ser mera hipótesis para transformarse en algo empíricamente comprobable. Lamentablemente, no tenemos ningún visor de libido humana, pero esto no impide que nos podamos imaginar uno. Siempre que sigamos un camino fenomenológicamente aceptable, podremos continuar, sin más remordimiento que saber que sólo especulamos. Hasta ahora, occidente, ha conceptualizado la relación sujeto-objeto, en términos puramente de consciencia, es decir, de conocimiento. Conocemos, según esta visión, el mundo, a través del raciocinio. ¿No es particularmente llamativo que lleguemos a una idea distinta, a través del estudio de una teoría realizada por una mujer? Aquí lo que vemos, es que conocemos el mundo a partir del *afecto*. Dejemos aquí constancia de esto. Ahora, retomemos nuestra imperfecta, pero útil metáfora.

Lo primero que observamos es un *centro luminoso*. Este centro, es lo que permite ver los colores. A partir de los objetos, los rayos lumínicos, cobran tonalidad [refracción], en la medida en que estos objetos sean positivos [buenos] o negativos [malos].

Encontramos así, áreas, alternas, con objetos positivos y negativos, humanos, no-humanos e inanimados. Si los objetos son grandes, es decir, es grande su espacio afectivo, mayor será su refracción; integrados emitirán una radiación más acorde con el objeto externo.

La luz, naturalmente y a nivel simbólico, se corresponde con la consciencia.

El impulso a la reparación, que aparece en esta etapa, puede ser considerado como la consecuencia de un mayor *insight* de la realidad psíquica y de una creciente síntesis, ya que muestra una respuesta más realista a los sentimientos de aflicción, culpa y temor a la pérdida, resultantes de la agresión contra el objeto amado. Dado que el impulso a repara o proteger al objeto dañado prepara el camino para relaciones de objeto y sublimaciones más satisfactorias, aumenta a su vez la síntesis y contribuye a la integración del yo, (Klein, 1987a, p. 24).

Klein aquí supone un yo innato, de lo contrario, no podría justificar ningún proceso integrativo. Este yo es, claramente, inconsciente. ¿Podemos ser capaces de concebir esta especie de consciencia inconsciente? ¿Nuestra metáfora nos condujo a una trampa? Al menos, Klein, en su teorización, recurrió a esta idea.

33

Cosmovisión psicoanalítica

Realizaremos aquí una crítica de la teoría kleiniana. Paralelamente, realizaremos una relectura de la esencia de su obra a la luz de nuestro modelo mental, integrando aquellos aspectos que sean acordes a nuestros descubrimientos.

Rehuí con enfática voluntad a la terminología kleiniana específica. El riesgo de perder de vista su esencial aporte, era demasiado grande si entraba en descripciones específicas de pechos y penes persecutorios.

El psicoanálisis en general y Klein en particular, no escapan a la crítica epistemológica realizada a partir de Freud. Descubren lo que descubren, porque antes de descubrir lo descubierto, ya sabían lo que iban a encontrar. Este ejercicio, siempre novedoso, no tiene misterios más allá de que aceptan una idea de base, luego de lo cual desenvuelven la realidad y en este desenvolvimiento, encuentran, curiosamente, la idea de base, escrita en esta realidad. Por eso, no es de extrañar que Klein encuentre un *Edipo temprano*, un *superyó temprano* y un *yo temprano* en los pequeños humanos. Freud, Lacan y Klein tienen la particularidad de ser excepcionales analistas de la psiquis, pero siempre, luego de un primer momento iluminador, terminan por meterse en sus propios conceptos, transformando lo observado en una parte más de la cosmovisión psicoanalítica. Pero demasiado grande es la pérdida si abandonamos a estos autores por juzgarlos por sus pecados. Vicio simétrico y opuesto, sería ponerlos en un pedestal imperturbable.

34

Klein y el *selbst*

Una puntualización esencial, a través de Klein, la podemos colocar en nuestro *selbst*. La idea de una consciencia inconsciente, capaz de integrar, es demasiado novedosa como para dejarla pasar. Es una paradoja, pero en tanto condición de posibilidad del devenir psíquico, nuestro centro más interno, requiere de esta idea. Por otra parte, la dialéctica ansiedad-depresión descripta por Klein nos parece, en su esencia, correcta. Fenomenológicamente, al menos, se manifiesta.

¿Podemos aventurarnos, como hace esta autora, a suponer toda una serie de objetos, mundos y fantasías en el primer año de vida?[25] ¿Podemos permitirnos pensar esta dialéctica en tan temprana

---

[25] No resulta sorprendente que todos los objetos internos y externos, descriptos por Klein, tienen simbología y origen sexual. Muy lejos queda, el múltiple mundo interno de Jung, el cual, por ser capaz de no quedarse en el origen, puede abarcar mucho más de lo que logra el psicoanálisis. Rehuí a la jerga kleiniana porque no es mi interés explicar tanto su teoría, como su esencia. Esto es, las líneas directrices en su pensar.

etapa, donde por mera observación, obtenemos bastante poco? En la medida en que podamos encontrar algún rastro fenomenológico o científico, podemos hipotetizar, libremente. Claro que, teorizar libremente, no nos fuerza a creer o tomar en serio nuestras suposiciones. Dejaremos entre paréntesis la dialéctica de la tópica kleiniana hasta que encontremos algún asidero[26].

Filosóficamente, nos forzamos a suponer una condición de posibilidad [el selbst] el cual nos da una explicación a una serie de fenómenos que de otra forma, resulta muy difícil de explicar sin caer en abismos parciales. Un selbst nos posibilita pensar la psiquis humana, sin otorgarle a la misma una naturaleza buena o mala.

---

[26] En referencia a Bowlby y su teoría del apego.

SEGUNDA PARTE:

LAS RAÍCES FILOSÓFICAS DE LA PSICOLOGÍA

4. WUNDT

Wundt Intro

Wundt y James encarnan el espíritu de la psicología occidental. Aunque sea inexacto decirlo, son ellos los impulsores de la psicología como ciencia y son ellos los que más han marcado su destino.

El espíritu occidental se divide en dos grandes fuentes: la europea y la norteamericana. Estas dos clases de teóricos se repiten desde la gran díada: Platón-Aristóteles. Hacia adentro (arriba) y hacia afuera (abajo). Hacer estas penosas divisiones no carece de sentido –y riesgo– si lo que buscamos es un por qué profundo. Que sean inexactas, que existan siempre excepciones y que no sean siempre aplicables, no desmerece su consideración.

¿Por qué Wundt, a pesar de estudiar procesos simples se interna en la estructura y desarrolla una teoría que alcanza la metafísica? ¿Por qué James, en cambio, se interesa únicamente por el pragmatismo de las ideas y aún cuando metido hasta los huesos en la metafísica, lo único que es capaz de decir es que carece de sentido, pero es útil?

James es la bandera estadounidense, es su espíritu, liberal, democrático, progresista, hecho filosofía, ciencia y metafísica. Wundt es más difícil de revelar [por eso tal vez el mentado olvido] pero si no hay dudas es que no es James.

Hay algo que sí no podemos dudar: tanto Wundt como James fueron el mejor Wundt y el mejor James. Es decir, ambos, desarrollaron sus ideas, en sus propios términos, y por eso cumplen a la perfección su rol. Y crearon, en definitiva, este Leviatán, que mueve miles de millones de dólares y cientos de miles de publicaciones e investigaciones, todos los años. Su espíritu está vivo, permanece y trasciende nuestros días.

Tanto a nivel práctico como teórico, tenemos tendencias, hoy decimos subjetivas, para dirigirnos a ciertos lugares y no otros. Sin esta consideración y reflexión, no podremos seguir avanzando ni en teoría, ni en praxis.

El espíritu occidental, quebrado, nos impide dar el salto hacia oriente. Si no lo hacemos consciente, será difícil despegar.

Psicología o de la ciencia

Wundt divide a lo factible de ser conocido en tres grandes áreas, encarnadas en dos ciencias: la psicología y la física. Podemos conocer el mundo como fenómeno o como cualidad, es decir, como objeto o ser. La metafísica, será la reflexión final del mundo.

Wundt resuelve el problema gnoseológico sujeto-objeto, diciendo que la mirada tanto del sujeto (psicología) como del objeto (física) son posiciones distintas. El físico prescinde del sujeto cognoscente, mientras que el psicólogo, lo hace presente, metiéndolo en el drama del conocimiento.

Pero no es esto todo lo que resuelve con su planteo. Recordemos que Kant había expulsado a la psicología del estatus de ciencia. Wundt la devuelve al discurso científico, dividiendo la experiencia en inmediata y mediata. La primera, se puede *medir*, por tanto, la psicología es ciencia.

Y lo que se mide, es la percepción.

Dos océanos azules

Adentrémonos en los conceptos fundamentales de Wundt. Para este autor la mente se rige por elementos combinatorios, en un sentido casi químico. Las mezclas crean nuevos elementos.

Imaginemos, en este sentido, un océano de elementos químicos, los cuales, al mezclarse, generan otros nuevos, cada vez más complejos.

Pero como en todo océano, el flujo del mismo, depende, en última instancia, de las caudalosas y más profundas fuerzas. ¿Pero qué es este flujo, este constante movimiento? Según Wundt, lo que enlaza y da la sensación de unicidad, tanto de los procesos internos como los psicomotrices, es la *voluntad*.

La voluntad se mueve en términos de consciencia, en relación a ella o sin ella. En cualquier caso, estos procesos aperceptivos, tienen dos formas de manifestarse, la racional o la asociativa. La forma racional, implica las funciones superiores, la imaginación y la lógica. La forma asociativa, trata de objetos que no llegando a ser conscientes, forman nuevos flujos. No debe entenderse esto como lo inconsciente en un sentido metapsicológico, ya que en cualquier momento pueden devenir conscientes. Wundt se diferencia así del asociacionismo, que proponía que todo en nuestra psiquis se rige por asociaciones. Para él, esto será correcto, pero a un nivel inferior, esto es, no consciente.

Si retomamos la metáfora de los flujos oceánicos, las mareas, son producto de un objeto externo [el efecto gravitacional de la luna]. Las mareas, serán pues nuestra cultura.

37

La evolución de la cultura

Para Wundt existe un espíritu del pueblo [volksgeist], (1990). No debe entenderse esta idea en sentido metafísico ni romántico. Se trata, en suma, del emergente de un consciente colectivo, la gran marea humana y su influjo recíproco.

La cultura irá hacia allí donde la voluntad colectiva lo ordene.

> Todos los fenómenos de los que se ocupan las ciencias psíquicas son, de hecho, productos de la colectividad (*Völksgemeinschaft*), (1990, p. 2).

Pese a todo, Wundt es un moderno y desde allí emerge su optimismo dialéctico. La humanidad, a partir de estadios sucesivos, desembocará en uno que traerá la siempre postergada utopía.

Esta esperanza, tan cara a la ciencia, no quita que tal vez en algún momento comprendamos lo esencial: que somos parte de un todo y que no podemos seguir proyectando la oscuridad en el otro. Hoy parece excesivamente lejano este horizonte, pero somos un instante. Nuestra época, de la cual podemos decir que ha habido más oscuras, parece emerger como un gran, y por el momento indescifrable, cambio. No quiero agregar aquí más opiniones personales, que pueden valer bastante poco. Desconozco el devenir. Necesitamos del análisis profundo del presente y el pasado. Eso nos dará alguna ventaja sobre los oscuros caminos que asoman en la brevedad. La psicología es clave en este asunto. Retomemos a Wundt y veamos por qué.

Todo cambió con la emergencia del lenguaje. Los rugidos-alaridos, que hablaban de amor, pudieron encausarse. Los primitivos, que dejamos en Jung, con su propia paz firmada, con su organización primordial, encuentran aquí una serie de profundos cambios. El fundamental, lo dicho, el poder representar en forma abstracta, tanto el mundo interno, como el externo.

El lenguaje enlaza dos clases de representaciones colectivas. Los miedos y las esperanzas, representaciones místicas y los motivos comunes de voluntad o las normas de costumbre. Si estos elementos se combinan, surgen los mitos, lo ético y el arte.

38

Dualismo sujeto-objeto

La metafísica para Wundt logra unir los dos dominios fundamentales de la experiencia; la física y la psicología. La voluntad –no tanto la consciencia- es el hilo conductor. Nos une y enlaza los unos a los otros [no sólo por una necesidad evolutiva] y según este autor, presupone o da a entender una unidad suprema, esto es, Dios.

Para Wundt la sensación es ya una síntesis.

Es evidente que el autor mantiene siempre la idea de una estructuración jerárquica, progresiva. También resulta evidente que Wundt no pretende, con estas ideas, hacer ciencia. No obstante, como estructuralista, cree, a partir del minucioso análisis de los elementos básicos, haber generado una base lo suficientemente sólida como para aventurarse a teorizar en este –muy hostil- territorio.

Si tuviéramos que graficar la idea de mente de Wundt, sería algo, más o menos así.

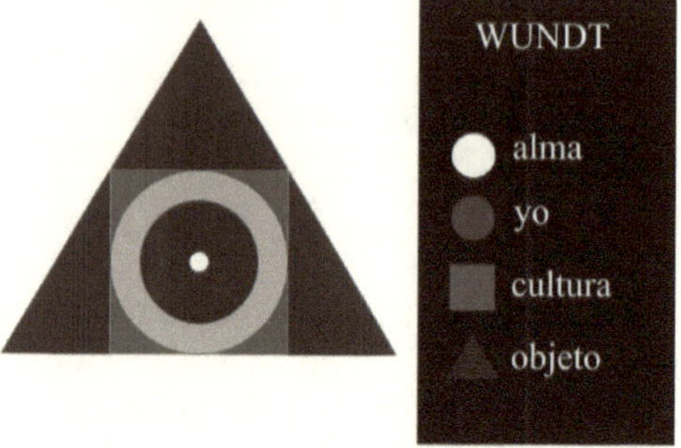

En el centro, la pequeña luz, es el alma. Es ella la que es capaz de generar el *proceso del paso de la oscuridad a la luz*.

Esta pequeña isla flota en un mar oscuro, algo en lo que Wundt no presentó mayores datos, a saber: el oscuro animal oculto. Wundt no puede explicar con su modelo ni la guerra por el poder, ni la guerra por el amor. Incluimos en el yo los procesos asociativos –la parte animal- y los procesos superiores o racionales. Hay, no obstante, un elemento nuevo, a saber: la precisión en el dualismo sujeto objeto, representada por un triángulo-objeto. La física [y todas las ciencias naturales] prescinde de aquello interior al triángulo[27].

---

[27] Graficar el triángulo como objeto, tiene múltiples ventajas, tanto simbólicas, como teóricas. Si bien lo graficamos externamente –porque el conocimiento se exterioriza- arriesgamos la tesis de que nuestra mente funciona siempre en tres tiempos. La combinación o conflicto primario, siempre es sintetizado. Nuestra mente opera en forma dialéctica, contraponiendo ideas las unas con las

Introducimos la precisión gnoseológica de Wundt. El sujeto –círculo y cuadrado- está frente al objeto: el otro, los otros, el mundo.

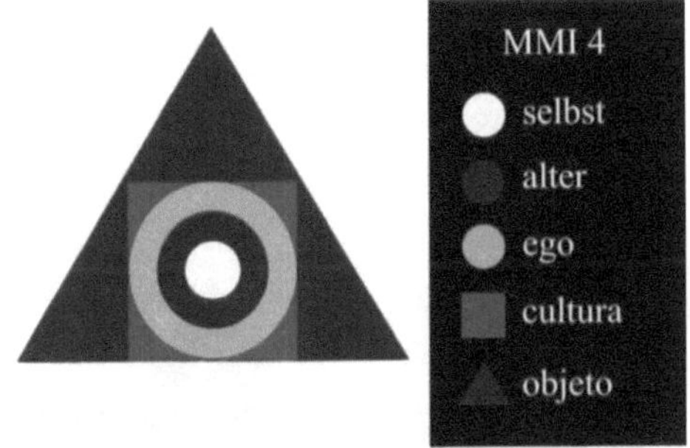

La reflexión cuadrado-triángulo, es la reflexión sujeto-objeto, base de nuestra epistemología. Podemos, en efecto, partir desde dos perspectivas de sujeto: la psiquis [círculo-triángulo] o la psiquis junto al aspecto social [cuadrado-triángulo].

Esta idea fundamental, la de un sujeto cognoscente, es fundamento y base de algo de lo cual no podemos prescindir [ni escapar]. También, es este el punto exacto

---

otras y engendrando nuevas. Naturalmente, si bien caemos en cierta especulación, hablamos de una representación gráfica. No podemos exigirle demasiado. Hablaremos, en profundidad de estos temas cuando desarrollemos nuestra epistemología (EI).

donde se inicia lo que podríamos llamar la *soberbia psicologista*. La ciencia, puede prescindir de la reflexión del sujeto de conocimiento, pero los psicólogos, al ser conscientes de dicho punto de partida, llegamos al nivel de inicio del conocimiento. Conocemos —o pretendemos- lo que hace posible *todo* el conocimiento humano[28].

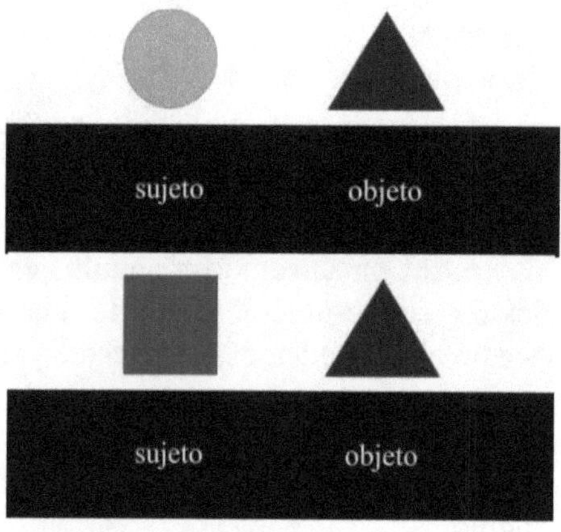

Volvamos al centro.

El centro, el cual identificamos con el alma wundtdiana, conserva el *selbst*, pero ahora con la posibilidad de pasar de la oscuridad a la luz. Este proceso ocurre a

---

[28] Es inevitable hilar esta idea wundtdiana con el actual constructivismo epistemológico.

través del alter, elemento ausente en Wundt. Nuestro ego, goza del proceso primario y el proceso secundarios, términos útiles de Freud. Wundt ve estos últimos como resultados de la mera asociación, pero desde la metapsicología negamos enfáticamente esta idea.

La voluntad, da vida a este gráfico. Asociada a la consciencia, posibilita el cambio particular o general, la creación de nuevos elementos y en síntesis, la emergencia de la cultura.

39

Psicología y metafísica

Realizaremos aquí una crítica general a las ideas de Wundt. El aspecto epistemológico, ya mencionado, lo aceptamos e incorporamos. Seguiremos con sus ideas de psicología científica, psicología de los pueblos –o cultural-, para finalmente decir algunas palabras de su metafísica.

Su obra *Psicología Fisiológica*, (1904) no equipara a la psicología con la fisiología, pero se sirve de ésta (hay que considerar el notable avance de la misma en aquella época) para resolver el tema epistemológico y la utiliza como mapa general. Wundt parte desde los aspectos más básicos, descubre sus principios, sus combinaciones y por impulso aborda ideas cada vez más complejas.

Podemos aceptar la idea de pueblos primitivos, como aquellos con tecnologías menos desarrolladas –sólo y sólo en ese sentido- pero no que éstos sean menos avanzados, necesariamente, que la moderna sociedad. Es claro que este autor parte de su perspectiva europeo occidental, sus ideales modernos y los ve –sin verlos-

ejecutados en sus estudios. Esto, antes que demostrarlos, los pone en serias dudas. Los diez tomos de ejemplos, son difíciles de abordar si el problema son las gafas del autor. El uso de las dialécticas es siempre tentador, y Wundt, sucumbe a la misma y por su propio peso, no resiste un cuestionamiento profundo a la idea de base: jerarquía, avance, progreso, evolución. No obstante, fue un precursor de la psicología social, la cual debía servirse y hermanar con otras ciencias sociales. Es necesario reconocer este aporte.

La metafísica de Wundt enlaza aspectos radicalmente complejos que hoy parecen anticuados y si ya no se los rechaza de plano, el lector fruncirá sus cejas ante los mismos.

Es claro, que, no obstante, nos merecemos un debate en torno a esto.

5. JAMES

40

Pragmatismo

James integra, con fascinante entusiasmo, las dos fuerzas, trascendentales y opuestas del pensamiento occidental y lo hace, a través de una perspectiva de vanguardia: *el pragmatismo*[29], (2000). Idealismo o materialismo, racionalismo o empirismo, obtendrán una confluencia en la filosofía de este autor. Su perspectiva, implica una unificación por una vía distinta: no se puede juzgar el propio razonamiento por la razón. La respuesta, está afuera; el sentido práctico y adentro; el sentido de *verificabilidad*.

Se integra la razón occidental a través de los resultados que esta produce tanto en el sujeto, como en el objeto.

---

[29] Está claro que la diferencia fundamental de esta integración, lograda por Kant, se da en otro nivel: no es la razón la que debe juzgar a la razón, sino la praxis.

El individuo, en James, tiene un carácter preponderante. La verdad es medida por su propia vara.

El objeto, en tanto, también debe corresponder con esta verdad (o refutarla).

Naturalmente, James, no perderá tiempo en la consideración epistemológica sujeto-objeto; ambos, son uno, indivisible, en tanto no puede concebirse el uno sin el otro.

41

Verificabilidad

Como individuos, somos atraídos o repelidos por ciertos objetos, ideas, emociones y sensaciones. Nuestra mente, individual y característica, nos hace buscar aquello que mejor encaja a su naturaleza, y rechazar, aquello que le es antagónico.

Es posible que como filósofo, James hubiera encontrado muchas dificultades, pero al tener en sus manos la naciente ciencia, este concepto, encuentra su base en la mente.

La atracción y el rechazo, lo visceral del hombre, están escritos en su psicología, (2017d).

Como se podrá juzgar, esto es sólo el principio. La atracción y el rechazo, pueden fundarse en motivos egoístas o crueles, o simplemente seguir al rebaño. El parámetro que establece James, es su *pragmatismo*. Aunque ferviente apasionado de la filosofía, para él, no tiene sentido un nuevo debate racional. Nadie puede probar con certeza la existencia o inexistencia de Dios, por caso. No obstante, si esto le es bueno tanto al individuo, como al mundo, entonces estará más cercano a la *verificabilidad*. Lo bueno y lo verdadero, no son *en sí*, lo son en sus resultados.

El juicio del juicio, ubica a esta perspectiva como *trascendente*.

42

Las esferas del conocimiento

Si nos forzamos a visualizar la teoría psíquica de James a partir de nuestras esferas, encontraremos que dichos círculos, serían esferas de conocimiento. Según este autor, nos hacemos y hacemos alrededor del conocimiento. El centro de este, es misterio. Alrededor de él, se formarían las sensaciones, emociones, deseos, pasando por las ideas y finalmente llegando a los juicios, dando lugar aquí a la posibilidad reflexiva; el juicio del juicio.

Estas esferas poseen dos estados fundamentales: los *transitorios* y los *sustantivos*. La mayor parte de nuestra actividad mental corresponde con estados transitorios, es decir, elaboraciones fragmentadas, contradictorias y en mayor medida subconscientes. Los estados sustantivos, en cambio, son el resultado y la elaboración final de los transitorios y pueden ser conscientes.

Hacia adentro de la esfera, nos encontramos con el *flujo de consciencia* [stream of consciousness]. Hablar de flujo, implica hablar de energía. La energía, está siempre en movimiento; debemos esforzarnos en visualizar franjas activas de energía, mientras que otras, se mueven en la oscuridad. Es decir, metafóricamente, debemos entender, que hablamos de luz y oscuridad [consciencia] y de ondas. Esta esfera de conocimiento será más activa o pasiva, más positiva o negativa, pero tenderá a buscar a otras esferas similares. Esto le permite que su flujo siga activo, vivo; en pocas palabras, tenderá a pensar y creer lo mismo en tanto su ambiente lo haga. Si el ambiente no responde, caerá en soledad y dependiendo de su capacidad, podrá crear una nueva esfera que cambie el conocimiento imperante. La masa humana, no obstante, tiende a permanecer en un caótico equilibrio.

Hacia afuera, por lo dicho, tenemos choques, confrontación y agrupamientos. No resulta difícil concebir la idea de que al unirse esferas, formen nuevas, más grandes, más fuertes.

Una idea débil, en principio, puede tornarse poderosa, como el psicoanálisis en sus inicios. La novedad, genera rechazo, sobre todo si lucha contra las ideas imperantes de la masa; *sexualidad infantil*. Este conocimiento, se va contagiando. Tenemos así, a miles de individuos que ordenan su energía en torno a este conocimiento. Estos conocimientos, no obstante, tienden siempre a generar dualidad. No es de extrañar que luego de surgir una novedosa teoría, le siga otra, opuesta, como una sombra; *Adler* y *Jung*.

Recordemos el definitivo idealismo platónico, frente al insipiente empirismo aristotélico; al mentar este ejemplo, es forzoso visualizar el dualismo opuesto, siempre *actualizante*, de la filosofía.

James es, sin duda, un integrativo.

Para él, ambos tipos de conocimiento, *necesariamente*, poseen *algo* de *verdad*. Resuelve el dilema, no centrándose en una evaluación teórica de los sistemas, ni emitiendo un juicio sobre los mismos, sino observando sus resultados. Lo que importa, no es tanto el conocimiento generado, sino *lo que genera el conocimiento*. La esfera trascendente logra separar la división, en tanto a) se vuelve consciente de esta y b) decide evaluar sus resultados. Y de nuevo, *hacia adentro*. La idea más cercana a la verdad es aquella que mayor claridad interna produzca y viceversa; la que oscurece, estará notablemente más lejos de la verdad y el saber. Y de nuevo, *hacia afuera*. Deben contribuir al proceso, al todo. Si no es capaz de hacerlo, no es bueno, ni verdadero.

Esta preocupación, casi existencial de James, debe entenderse en su profundidad. *Hacia afuera*. No podemos preocuparnos y crear un mundo ideal, ni pensar en Dios, si hay gente que pasa hambre, sufre frío, muere en infames guerras. *Y hacia adentro*. El conocimiento debe estar vivo, ser pasional, fuerte, producirnos cosas, inspirarnos a cambiar. Por nosotros y por los otros.

Configurado así el conocimiento, lo vemos, desde un lugar diferente.

Algo superior

Para James existen tres realidades; la experiencia empírica, la experiencia psicológica y la experiencia espiritual. Las tres son algo vivo y en movimiento. No están separadas, en tanto, no las vivimos en forma separada. Descuidaremos la empiria; la psicológica pudo observarse en el capítulo anterior, aquí nos avocaremos a la experiencia religiosa.

James, a diferencia de Wundt, se ocupa de lo religioso, pero en tanto experiencia, esto es, como vivencia. En este sentido no es algo externo y la sintetiza diciendo que es una *relación con algo superior*. Esta relación, es vivenciada subjetivamente. Y si se tiene en cuenta lo que produce, al ser bueno, es mejor creer. James es pragmáticamente religioso. Por eso afirma;

> Act for the best, hope for the best, and take what comes... If death ends all, we cannot meet death better, (1912, p. 31).[30]

---

[30] "Actúa pensando siempre en lo mejor, espera lo mejor, y acepta el resultado que sea... si la muerte es el final de todo, no hay mejor modo de ir a su encuentro."

Si volvemos a las esferas, debemos sobreentender que las mismas se superponen, oponen y mezclan. Dios sería la esfera suprema, la referencia suprema. James es cuidadoso en no mezclar esto con la religión en sí. Siempre que habla de lo espiritual, lo hace en referencia a la experiencia y la vivencia. En este sentido, es algo tan estrictamente íntimo, tan absolutamente privado, que no debe ser mezclado con lo externo.

44

Flujo activo

Aquí haremos una breve crítica de James, como así también integraremos su perspectiva a nuestro modelo.

Si hiciéramos una gráfica de la esfera del conocimiento, no diferiría mucho de la nuestra. En esencia, conserva el núcleo central incognoscible, al que llamamos *selbst*. La franja secundaria, sería una especie de proto-inconsciente, es decir, a través de la misma, podríamos explicar cómo surge otro yo –la escisión de personalidad que James estudió. También nos hablaría de las emociones, sensaciones y deseos más profundos. Finalmente la franja externa sería nuestra personalidad, a la cual le adjudica la identidad –a la cual no le ve "nada misterioso". Esta esfera estaría en continuo flujo de activación, interna y externa. Tenemos poco que agregar al respecto más que lo dicho en los capítulos anteriores. La hipótesis de nuestro *selbst*, es la clave de la unión entre lo alto y lo bajo, hipótesis sin la cual resulta imposible comprender el cielo y el infierno. También le damos el valor de identidad, profunda, refiriendo al ego y al alter, los procesos de identificación. En esto sí, diferimos. La identidad del conocimiento de quien conoce es el punto cumbre, pero también el punto base. Los procesos identificatorios, en cambio, aunque inconscientes, a) ni son del todo fáciles de explicar y b) son siempre en referencia a objetos externos, dependiendo siempre de la proyección.

Cuadratura del círculo

La primera crítica que podríamos asestar sobre el sistema pragmático de James es, al mismo tiempo, la más naif. De que si el conocimiento se mide por la praxis, ¿quién o qué mide a la praxis? Podría, la praxis misma, no ser buena o no ser buen motivo o referente para hacer de ella nuestra ancla. Pero la praxis, no es medida en sí, sino en tanto evalúa, en forma continua, al conocimiento. Si nuestra crítica, parecía dirigirse a la esencia del pragmatismo, la misma nos es devuelta. La esencia del pragmatismo no es la praxis, sino la evaluación continua del conocimiento a través de la praxis. Y es aquí, donde tal vez, podamos devolver el golpe. En tanto continua evaluación de la praxis −interna y externa- el pragmatismo, puede servir como una aplicación metodológica al paradigma integrativo, pero no ser su punto de partida −ni de llegada. Revisaremos en este capítulo, nuestro modelo mental a la luz de la teoría de James.

En tanto el pragmatismo, nos sirve como método, lo adoptamos como tal, doblegándolo al nuestro ya declarado: el fenomenológico. En James, al igual que en Wundt, sus preocupaciones empíricas han perdido terreno[31], pero no así su psicología y especialmente, su epistemología. La yuxtaposición Wundt-James como base epistemológica nos brinda un amparo ancestral poderoso al mismo tiempo que nos genera una sólida fundamentación.

Ahora bien, la parte difícil, es la religiosa. Su perspectiva espiritual. En Wundt rechazamos su postura, en suma, su creencia en un Dios. Y esto no lo hicimos por ser ateos o querer crear una psicología atea. Como ciencia, no tenemos ningún derecho a influir sobre la creencia, pero tampoco la creencia tiene derecho a influir sobre la ciencia. Ahora bien, como ya señalamos, James aborda el tema de forma radicalmente distinta. No lo hace desde un preconcepto occidental. Lo hace desde intento de conocer la vivencia religiosa, en su sentido y significado; lejos de toda religión o teología. En este sentido, su planteo, no lo podemos rechazar del todo. Es por eso, que a partir de este capítulo, cerramos nuestra gráfica, envolviéndola en un nuevo círculo.

---

[31] La conocida teoría James-Lange de las emociones, ha sido refutada, por la actual empiria neurocientífica.

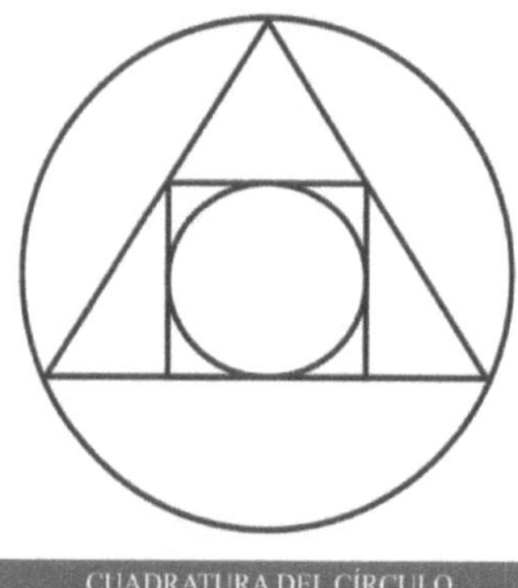

La gráfica es un antiguo símbolo de la alquimia llamado la *cuadratura del círculo*. En el confluyen la parte (el círculo pequeño, la psique humana) y el todo, el Cosmos o Dios.

Aquí se nos puede objetar, lo siguiente. Si hace un momento rechazamos incluir a Dios, ahora lo hacemos abiertamente. *No*. El círculo mayor, es sólo lo que cada quien, quiera ver. Es una *respuesta total ante la vida* [total reaction upon life], (1922). Hace referencia a la cosmogonía subjetiva que podrá ir, desde una creencia mística, un acérrimo ateísmo, pasando por el agnosticismo sin descontar cualquier idea hippie de moda. En cualquier caso, la consideración de este círculo, sirve para dar un marco de contención a la filosofía más profunda a la que cada quien se referencia[32].

La integración nos ayuda a pensar en la diversidad. Esta diversidad, debe incluir a todos. ¿No es posicionarse en forma fría y distante, ante un problema radicalmente humano? *No*. Yo conservo mi creencia y la creo fervientemente, pero no puedo querer imponerla. Considero un ejercicio integrativo el constante esfuerzo por expandir la consciencia, es decir, generar, en la medida de lo posible, una postura abierta. Aliento, es más, a que cada quien, crea, tal como haría James, en lo que quiera. Y que lo haga en forma pasional, siempre que esta pasión le inspire a tratar de mejorar este dañado planeta.

Si acaso importa, creo en que hay algo, propiamente, indescifrable en este mundo y en mí. Lo llamaría agnosticismo místico. Algo es seguro: no creo en ningún Dios de religión.

---

[32] Especialmente, para respetar la creencia del paciente. Justamente, en este sentido, resulta particularmente útil incluir el círculo mayor.

TERCERA PARTE:

CONDUCTISMO

6. WATSON

46

La fórmula de la condición

Con Watson la psicología adquiere el estatus de ciencia experimental, parte de la ciencia natural. El condicionamiento pavloviano, pasa a ser su alfa y omega; la conducta observable, reducida a *secreciones glandulares* y *movimientos musculares*, resulta ser el único objeto de la psicología, excomulgando para siempre la mente, lo anímico y toda referencia más o menos metafísica. La revolución generada por Watson en 1913 (1919), cambiaría para siempre nuestra ciencia y la percepción de la misma.

El condicionamiento nos brinda una fórmula capaz de cambiarlo *todo*.

$$\frac{c}{+/-} = C$$

A través del conductismo, la conducta humana pasa a ser *predecible* y *controlable*. La implicancia de esto, es perturbadora: la conducta humana puede ser ajustada según se desee y en principio, *para lo que se desee*. Watson es el creador de una de las consignas más controvertidas de la psicología. Con esa simple fórmula, Watson es capaz de hacer lo que desee de un niño, si es que lo entregaran a sus cuidados:

> Give me a dozen healthy infants, well-formed, and my own specified world to bring them up in and I'll guarantee to take any one at random and train him to become any type of specialist I might select – doctor, lawyer, artist, merchant-chief and, yes, even beggar-man and thief, regardless of his talents, penchants, tendencies, abilities, vocations, and race of his ancestors, (1930, p. 104).[33]

Acto seguido el propio autor reconoce esto como una exageración:

> I am going beyond my facts and I admit it, but so have the advocates of the contrary

---

[33] "Dame una centena de niños sanos, bien formados, para que los eduque, y yo me comprometo a elegir uno de ellos al azar y adiestrarlo para que se convierta en un especialista de cualquier tipo que yo pueda escoger —médico, abogado, artista, hombre de negocios e incluso mendigo o ladrón— prescindiendo de su talento, inclinaciones, tendencias, aptitudes, vocaciones y raza de sus antepasados."

and they have been doing it for many
thousands of years, (1930, p. 104).[34]

---

[34] "Digo esto y voy demasiado lejos, lo admito, pero
también lo han hecho mis adversarios y lo han
estado haciendo durante mucho tiempo."

Secuencia de aprendizaje

Para Watson todo lo que aprendemos, proviene del condicionamiento, (1930). En efecto, así es como describe el proceso de aprendizaje del lenguaje.

El lenguaje no es otra cosa que condiciones-palabra guardadas en la memoria. La memoria, en sí, no es más que un almacén de condicionamientos.

El habla es para Watson una respuesta mecánica que intenta aprehender el mundo. Lo simbólico, desde esta perspectiva, no es más que una secuencia condicionada de palabras que se utilizan con fines pragmáticos.

La base condicionante

Según Watson, existen sólo tres respuestas emocionales no condicionadas, es decir, innatas: *amor, miedo* y *rabia*. A través de estas respuestas, si las ponemos en razón de algún propósito, podremos obtener la conducta deseada, sin importar lo que sea. Esta conclusión coloca al psicólogo y a la psicología, como una ciencia capaz de modificar el mundo de forma radical e inédita, pero también (y esto es lo relevante) científica.

La fórmula que expusimos, en sí, no significa nada si no se la sabe instrumentar. Llevada a la práctica resulta una herramienta de poder incalculable. Esto puede observarse en el optimismo utópico de Skinner y en la euforia revolucionaria del propio John[35].

Hasta aquí llegamos con la teoría de Watson. A partir de ahora, realizaremos un experimento especulativo.

---

[35] Su tratado, más conocido es también llamado *Manifiesto Conductista*, en evidente referencia a la obra de Marx.

La inversión de la fórmula

Los humanos, no son más que una serie (compleja) de conductas aprendidas a lo largo de su biografía. Nadie es libre de la *cadena condicionante*.

Estas afirmaciones, deberían crear una suerte de rebeldía en nosotros. ¿Podemos aceptar, a simple sumisión, de que todo lo que somos no es más que el resultado de una serie algebraica de condiciones? En vez de luchar con nuestros captores, de quienes adivinamos, han sufrido la misma suerte, deberíamos ser capaces de descifrar la *serie algebraica* [cadena condicionante]. Entre el equilibrio de lo positivo y lo negativo, es generada una condición [ley], es decir, algo que no era natural, se asocia a lo natural y desde ahí, genera una respuesta artificial que por asociación, pasa a ser tan espontánea *como si* fuera natural. Por natural, nos referimos a las respuestas no condicionadas; lo artificial es propiamente el *condicionamiento*.

Si pudiéramos visualizar toda la serie de condicionamientos necesarios para hacer un individuo culturizado, lo que veríamos sería una gran cadena de condicionantes sobre lo que, propiamente es este individuo. Así como podemos condicionar, también podemos realizar el proceso inverso, *descondicionar* [lo que hoy se llama desensibilización sistemática]. Al invertir el código, lo que hacemos es tomar consciencia de la condición, la cual podemos, a fuerza de repetición, anular.

$$\frac{+/-}{c} = D$$

Al descondicionar la naturaleza, la naturaleza, vuelve a ser sí misma.

Pero, acaso, nos quedemos con un organismo vacío. O caótico. O anárquico. Si descondicionáramos un humano, libre de cadenas, en efecto, podríamos encontrarnos con un monstruo, algo que, sin duda, sería mejor resguardar en la mayor de las represiones culturales posibles. Watson consideraba que al ser productos del aprendizaje, nuestra tarea es mejorar ese aprendizaje, lo cual, por inercia, mejoraría la sociedad y el mundo. No obstante, tenemos una pregunta, que no es del todo inocente:

¿Quién decidiría *qué* es *mejor*? *¿Mejor* para *quién* o *qué*?

El controvertido caso Emily

Supongamos que, en efecto, a Watson le hubiesen dado un niño para educarlo a voluntad. Es decir, que de entre una docena de bebés en adopción, el azar se decidiera por uno. La llamaremos *Emily*. Un hermoso bebé de rasgos orientales, de un mes. Cuatro cuidadoras, especialmente instruidas, atenderán a Emily en forma alterna. Watson guiará el experimento. Falta, claro está, definir qué es lo que queremos que la niña sea. Para que nada influya en la decisión, se escoge de entre cien profesiones. Watson mismo, tomó uno de los papelitos y este fue el resultado:

"LÍDER MUNDIAL"

Desde ese instante, se comenzó a diagramar la educación que sería capaz de hacer de Emily (sin importar sus talentos, intereses o dotes) una líder mundial, una política de trascendencia.

Abramos un pequeño paréntesis. Este experimento, naturalmente, resulta inviable por razones éticas y otras peores. Pero permitamos que el pensamiento se explaye entre inevitables puntos ciegos e imprecisiones. Aunque su carácter especulativo sea ineludible, resultaría cobarde huir de las posibilidades por resultar oscuras. Sigamos con el mismo.

Watson cuenta con presupuesto *ilimitado*. Elige como "laboratorio" uno de los mejores departamentos de New York. Las cuidadoras, también psicólogas conductistas, se encargarían, a su vez, de los cuidados básicos. La primera directiva es que la traten como a una "reina" y que tenga lo "mejor". Pero sin "énfasis artificioso" [artificio = afecto[36]]. Dividiremos, para la exposición, el experimento en cuatro partes, siguiendo el crecimiento de Emily.

Watson y sus colaboradoras, fijaron una serie de medidas. La meta fundamental, que llegue a la presidencia, pero también aceptarían "desviaciones", como diplomática o cosas por el estilo. Tendría que responder, por supuesto, a valores democráticos y liberales. Watson, ateo, tuvo un breve conflicto cuando una de sus asistentas le planteó el tema:

---

[36] Es conocida la obra de Watson donde se explaya por una educación familiar que en lo posible evite el afecto excesivo. Su recomendación, en esa obra, es una calidez lejana, con el único fin de instrumentar el condicionamiento. Obra que, dicho sea, Watson reconoce como prematura e insuficiente.

"Todos los presidentes americanos han sido cristianos".

-Si tiene que hacerse, se hace –dijo no del todo convencido y agregó:-Pero sin fanatismo. La enviaremos a algún colegio con religión.

¿Demócrata o republicana? –Preguntó otra de las psicólogas, a lo que Watson respondió secamente: "es igual. Es la ilusión de elección lo que importa".

Otro planteo, más difícil, fue ¿y qué pasa si se hace pacifista o revolucionaria o comunista?
-No sería lo "deseable" –respondió Watson- pero mientras sea líder, es lo mismo.

El planteo, aún más complejo, fue, ¿y qué ocurre si se transforma en un monstruo? ¿Y si se vuelve tirana, dictadora o fascista? ¿Y si cae en algún racismo?
-Es poco probable –respondió Watson- sobre todo teniendo en cuenta que tendrá una educación liberal y diversa.

No es difícil ilusionarse con el futuro de Emily. Verla convertida en una bella joven, yendo a la mejor universidad, discutiendo sobre "ideales políticos".

0-5 AÑOS. Desde los cero a los tres años, todos los condicionamientos fueron fáciles de aplicar. Emily aprendió a hablar inglés y con una notable estimulación destacó en un aprendizaje acelerado. Nunca se la subestima o consuela; no es criticada ni juzgada por sus errores; lo que se *premia* es la capacidad de sobreponerse. Su inteligencia es promedio alta. Para Watson términos como "personalidad" o "temperamento", no es que no signifiquen nada, sino que resultan irrelevantes frente al poderoso *behaviorism*. Si bien desde pequeña Emily mostró una personalidad tranquila (tendiente a la introversión) la gran estimulación la hizo confiada y sociable. Se alentó a que mantuviera juegos de "autoridad" con sus muñecos y peluches. Emily era siempre la directora, maestra y organizadora de ideas.

A partir de los 3 años, comenzaron a aparecer los primeros cuestionamientos de su parte. *Correcciones*, llamó Watson a los condicionamientos instrumentados con el fin de redirigir conductas e intereses no deseados. Se aceptaba, por ejemplo, que tuviera gustos artísticos, como el dibujo y la música, naturales en los niños, pero "sutilmente", se los rebajaba a "cosas no dignas para ella". Hubo un intenso debate en torno a si Emily sería informada de alguna manera del "experimento". La problemática radicaba en que eventualmente se cuestionaría cosas, como su "extraña familia". Su educación, pronto pasaría a manos de una institución y allí se encontraría con otros niños con los que podría contrastar su situación. A Watson le decía papá, pero las cuidadoras, eran las cuatro cuidadoras, a las que llamaba por su nombre. Se decidió que Emily sabría la verdad, pero no toda. Sabría que a) era adoptada y b) que era parte de un estudio – porque su padre era un prestigioso científico. Sólo eso y en los términos que ella fuera capaz de entender o necesitar.

Watson les explicó a las colaboradoras que la vida de Emily, a pesar de ser diferente al resto, no era muy distinta a la de alguien nacido en alguna familia real de antaño. No obstante, las psicólogas comenzaron, hacia los cinco años, a rebelarse.

-Emily –dijo una- entiende a la perfección lo de la adopción y lo del "estudio", lo que no entiende, es por qué no tiene una familia *real*. ¿Por qué nosotras, vivimos aparte, con nuestras familias, igual que su padre? ¿Por qué su padre no vive con ella?

Watson discutió y argumentó. Se molestó por ver en las mujeres una "sensibilidad inútil" y maldijo por no haber tomado hombres. Seriamente, pensó en despedir a las cuatro. Y aunque le costó, tuvo que reconocer que no lo haría por una simple razón: Emily. Para ella, evidentemente esas mujeres significaban algo, no se las podía quitar. "Tal vez yo también me esté convirtiendo en alguien débil", pensó.

La discusión tomó toda la noche. Watson argumentó que lo que hacían era algo histórico, un "legado para la humanidad".

Pero una, se oponía con insistencia. Era, al igual que Watson, una ferviente conductista, pero su enfático planteo, consistía en que nada valía ese "sacrificio".

John se enfureció al escuchar esa palabra. "Emily, vive mejor que el 90% de los niños humanos. ¿De qué clase de *sacrificio* hablas?" Preguntó.

-¿Acaso no creen en la ciencia y sus posibilidades? ¿No le estamos dando a alguien una oportunidad única? Emily está mejor con nosotros que con cualquier otra familia mediocre estadounidense.

-¡Pero maldita sea! ¡Puede que esté mejor! Pero no lo había visto nunca así –insistió la chica-. Hay *algo* en ella. Tiene algo y tal vez se lo robemos. No sé cómo explicarlo. Emily es Emily y no hay nadie igual. Es cierto que le damos más oportunidades que en cualquier hogar promedio, pero en una familia común, se obra por condicionamiento, es decir, sin

consciencia alguna de lo que se hace[37].
Nosotros sabemos qué hacemos y lo hacemos igual. Si la condicionamos, a consciencia, podemos romper algo mucho peor que una vida. ¡Estaríamos sacrificando su *jodida* alma!

-Sólo hablas así porque te encariñaste con ella –dijo Watson secamente.

-¡No soy una máquina! No quiero que ella lo sea.

-¡No existe nada parecido al alma! ¡No es más que un mísero sentimentalismo que nos dice que somos especiales y únicos! Pero si escarbas, créeme, no hay nada excepto *condición*.

-Detrás de eso, hay algo. Está *Emily*.

La discusión se extendió, como anticipé, toda una noche. Negociaron, hasta que al fin, llegaron a las siguientes conclusiones: a) Watson se mudaría con Emily, b) las cuidadoras continuarían yendo igual que hasta el momento, c) le

---

[37] En efecto, en cualquier hogar promedio, toda la educación, los pretendidos "valores" y las ineludibles tendencias inculcadas, abiertas o veladamente por los tutores, hacen que la clase de condicionamientos aplicados en Emily, sean relativamente pocos y en forma bastante menos severa que los que se generan "naturalmente" en una institución familiar. Lo que aquí la "asistente" nota es que ellos lo hacen *a propósito*. La gente condiciona y es condicionada, sin mediación, en general, de consciencia alguna. Lo que hace infame al mal, no es el mal, es la consciencia del mismo.

dirían a Emily que ahora, viviría con su padre, d) la finalidad del experimento, seguía siendo la misma.

5-15 AÑOS. Emily era descripta por sus maestras de escuela como una "líder nata", sociable y de buen humor. Empática, muy trabajadora y ordenada. Las *correcciones* en esta etapa se hicieron constantes. Emily sintió particular interés en la danza y la música. Su preparación era estricta, a doble turno, desde los 3 años. Estudiaba, además, idiomas y danza. Si bien las "correcciones" daban resultado, había una considerable "pérdida de energía, espontaneidad y entusiasmo". Esto desencadenó serias y nuevas discusiones con las psicólogas que, a pesar de los años, continuaban trabajando. Tal era el aprecio que sentían por la niña que ya no lo consideraban un trabajo. Watson debía reconocer –aunque sólo para él- que el experimento venía decayendo. Emily era, a todas luces, una hija más. ¿Realmente quería que *su* hija fuese lo que un estúpido sorteo dictaminó? Emily tenía un notable defecto: leía –como su padre, madres y hermanos. El condicionamiento encubierto, era cierto, daba resultado, pero ¿cuál era el precio? Era tiempo de pasar al condicionamiento abierto, es decir, marcarle definitivamente el camino a Emily. Watson tenía algo extremadamente claro: el condicionamiento funcionaba y podía hacer de Emily, lo que quisiera. ¿No sería más deseable, pensó en un instante, que Emily fuera, una psicóloga como él? Un terror efímero aún más profundo lo perturbó: ¿y si se hacía psicoanalista? O peor, ¿y si se hacía *hippie* como los humanistas? Sus asistentas lo traicionaban –él lo sabía- alentándola, a que fuera ella misma. Emily mostraba interés por el liderazgo y la política (había preparado una biblioteca sobre esos temas) en igual medida que por la danza y la música. Una edad crítica se aproximaba. Watson debía definir qué hacer. Pensó que tal vez sus asistentas estuvieran de acuerdo en cambiar la profesión de Emily por psicología –lo cual siempre reconfortaría sus egos de "madres". La otra opción, era casi un fracaso personal: abandonar definitivamente el experimento. Como padre, amaba a esa niña más que a nada en el mundo y realmente la amaba a tal punto que sacrificaría no sólo su vida por ella, sino algo más preciado: su ego. La amaba a tal punto que aunque se transformara en un monstruo, como un psicólogo humanista, una bailarina de ballet o una pianista, la aceptaría y querría igual. Sólo quiero que sea feliz –se dijo por fin. "Feliz" –pensó riendo, me estoy transformando en un hippie. Llorando, reconoció: "que sea ella".

John B. Watson, que nunca lloraba, lloró. Y sintió una profunda liberación. Libertad, por cierto, que él no tuvo[38], pero que, al darla, la sintió propia.

Al cumplir 15, Emily era ya una hermosa jovencita, suave, pacífica y brillante. Disfrutaba, más que nada, la música y la danza. Watson y sus asistentes continuaron con el experimento, pero esta vez en sentido inverso. *Descondicionando*. Las cuatro madres, estallaron, a su vez, de alegría con la resolución de Watson. Y le agradecieron.

-Deberemos mentir, pero esta vez a los financistas –dijo él.

-Es claro. Falsificaremos los datos.

-De cualquier forma –dijo otra- debemos continuar con la cuidadosa metodología. Una vez que se sepa, revelaremos los datos reales.

A partir de ese momento, Emily era libre de ser lo que quisiera.

15-22 AÑOS. Emily tuvo una pubertad y adolescencia asombrosamente tranquilas. Tenía, en suma, muy poco contra lo cual rebelarse. Recuperó, es cierto, a través del descondicionamiento, su energía y su carácter fue alegre, pero

---

[38] En efecto, tuvo una estricta educación, con una considerable carga religiosa.

siempre introvertido. Continuó su carrera como bailarina clásica en la ciudad de New York. Y fue excelente, apasionada y una bellísima mujer. Aunque no sobresalió, ni marcó un antes y un después en la danza, fue aquello que amaba ser. Watson y cols. terminaron el informe, mantenido en secreto hasta ahora.

51

Descondicionamiento

Si me extendí con insistencia en la pasada hipótesis, no fue sino para dejar en claro que siempre habrá, arriba y debajo de la psicología, filosofía. El hecho de haber *elegido* un Watson "bueno", pone en evidencia que tuve la posibilidad de haber escrito sobre uno sin ninguna consideración para esa pequeña. Podemos obviar lo mental, pero lo mental no puede obviarnos a nosotros. En este capítulo, realizaremos una crítica a los conceptos esenciales conductistas, para que, en el siguiente, lo integremos a nuestro modelo mental integrativo.

Lo que llamamos *cadena condicionante*, es, en suma, la tiranía cultural a la cual todos nosotros, sin excepción, estamos sometidos. Podemos revisar y deshacer, en buena medida esta cadena. La misma, es una secuencia y como tal, puede ser rota por el eslabón más débil.

Lo que nos interesa, definitivamente, es lo que está debajo de esta cadena. Esto es, el individuo. Con el conductismo, podemos hacerlo resurgir o, liberarlo de cierto peso. Esto, no es poco.

Pero no creemos que sea adecuado aplicar el condicionamiento en sentido positivo, es decir, para crear conductas. Puede usarse, claro está y es efectivo, no hay duda, pero si el ejemplo se extendió tanto fue para poner en evidencia que debajo de alguien que puede aprender a comportarse, hay algo que, en ese proceso, puede quedar sepultado. Este peligro, no es menor y nos hace recordar a *1984*. No podemos querer gente que sólo cumpla una función, que se desempeñe adecuadamente, que rinda más o que sea productiva. Y no podemos quererlo, porque de eso, tenemos *demasiado*.

Sólo aceptamos, si es que lo hacemos, al conductismo en su versión negativa, es decir, como *descondicionamiento*. No podemos, bajo ningún punto de vista, aceptar como instrumento el condicionamiento positivo [clásico u operante e incluso el de Bandura]. Este punto, es innegociable.

Doble vulnerabilidad cíclica

Resta integrar el sistema conductista a nuestro modelo.

Una gráfica de las ideas conductistas, sería como sigue:

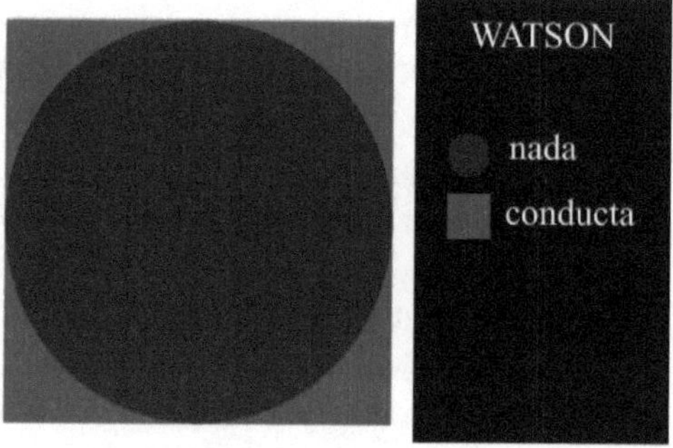

Hacia adentro, nada –zona oscura. Lo que importa es la respuesta del organismo, lo cual representamos con el cuadrado.

Si bien el conductismo, se esfuerza por no decir nada del círculo interno, lo hace. Ubicaremos la *cadena condicionante* detrás del área consciente, justo antes de lo inconsciente, en el límite. El mayor aporte, no obstante, lo encontramos en la fórmula conductista, la cual explica nuestro cuadrado, que es conducta, al tiempo que representa lo social.

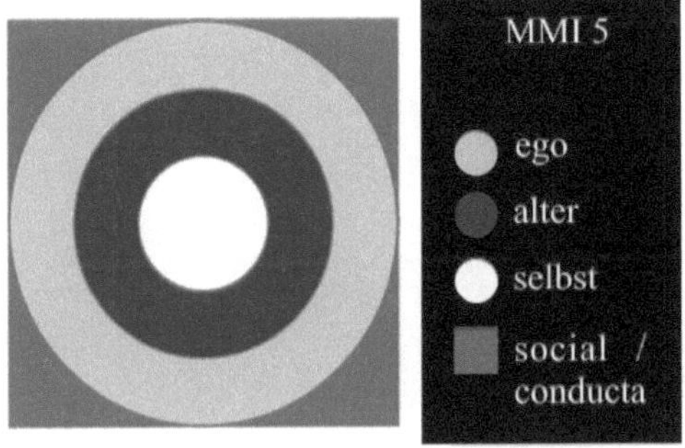

En su ausencia, el *selbst* aparece como aquello que peligra ante el devenir condicionante. Pero al colocar a su cadena antes de lo inconsciente, damos a entender que no es sólo el *selbst* lo que peligra, sino también el *alter*. Un peligroso desconocimiento del alter coloca al individuo en una doble vulnerabilidad cíclica. Desde adentro, aspectos angelicales o demoníacos, pueden comenzar a imponerse, siendo usados, por alguien externo para el control y la manipulación, en suma, de todo el ser. Esto es, lo que ocurre en Corea del Norte, por ejemplo, donde el Líder Supremo, ocupa el lugar de algo muy cercano a un

semidiós.   Ejemplos   más   tenues,
encontraremos en los fanatismos.

CUARTA PARTE:

PSICOLOGÍA EXISTENCIAL

7. ROGERS

53

Tres destinos

A nivel metapsicológico, Rogers (1981) sustenta que existe una única energía, un impulso básico a la *autoactualización* [self-actualizing]. Esto es, una única energía o fuerza a partir de la cual podemos concebir a los humanos como seres tendientes a la construcción y la creación positiva, siempre y cuando esta tendencia funcione en libertad. Esta energía fundamental, puede tener tres destinos[39].

Desviación. La desviación de esta energía, hablaría de un humano, relativamente desarrollado, con una vida más o menos normal, pero que no ha hecho algo que ama. La energía, bien que mal, se ha desarrollado, pero sólo fragmentariamente. Si bien aquí el individuo no logra una satisfacción profunda con su vida y lo que ha sido, de alguna manera ha logrado vivir,

---

[39] Rogers nombra estos destinos junto a algunos otros, pero no los desarrolla. Aquí los agrupo y reduzco en forma abstracta.

propiamente, en un sentido más o menos auténtico. La desviación puede, asimismo, ser total o parcial. Puede subordinar, toda la energía, a una causa externa. Esto implicará que el individuo, se transforma a sí mismo en un objeto o instrumento de algo externo. Si la desviación es parcial implica que una parte de esta energía es *apropiada* por algo externo.

Inversión. Esta energía primordial puede desviarse y desvirtuarse, convirtiéndose en su opuesto. Esto implica una dedicación de todo el potencial y la actividad del individuo en fines destructivos, negativos y egoístas para sí y el resto de humanos. La inversión implica un desarrollo pleno de esta energía, pero no en su sentido originario [la construcción positiva] sino mostrando su perversa otra cara.

Represión. La represión es la forma más universal y común de este devenir energético. Puede ser total o parcial. La represión total implica una inhabilitación general de la energía. En términos psicopatológicos hablamos de depresión. La represión parcial implica una artificiosa restricción de tendencias propias.

Toda esta serie energética, podrá visualizarse con cabalidad si sólo observamos el promedio humano y la vida cotidiana. Todo está teñido de cierto desgano, de cierto sentido –oscuro- de esclavitud.

Para Rogers esta energía se expresará cabalmente sí a este individuo se le brinda *libertad*, y en su momento de indefensión y dependencia, *afecto*.

54

El proceso

El impulso básico, que traducimos como energía primordial, puede visualizarse en la terapia a través de una díada. Lo racional y lo afectivo, se manifiestan, en efecto, de muy distintas maneras desde el inicio hasta el final de la terapia. Finalmente el *self* (1981) devendrá centro.

Lo afectivo (1984) puede ser visualizado como un desconocimiento absoluto de la emoción en sí, pasando por la vivencia emocional, hasta llegar al sentimiento. Podemos, así, diferenciar distintos grados de aproximación a una emoción.

Primer Grado Emoción. La emoción se encuentra completamente disociada de la consciencia del sujeto. No es reconocida como tal ni como propia; tenuemente pueden existir aproximaciones, como algo lejano, extraño y ajeno [una especie de objetivación de lo emocional].

Segundo Grado Afecto. La emoción pasa a ser reconocida como algo, en esencia confuso y ambivalente, es decir, contradictorio. Genera gran temor y ansiedad enfrentarla.

Tercer Grado Sentimiento. El tercer grado va desde una simbolización imprecisa y algo confusa a una búsqueda de precisión exhaustiva. La emoción, pasa a ser sentimiento, con alto grado de simbolización; rica en matices, profunda. Es en este tercer nivel, donde se integra la ambivalencia. Al mismo tiempo, se genera una confianza progresiva en la información afectiva.

Paralelamente, podemos trazar una profundización en grados del progreso racional terapéutico, (1984).

Primer Grado Palabra. Las palabras, son símbolos, pero sin energía-emoción, no significan nada. El lenguaje, en este grado, está desprovisto de emocionalidad. Son palabras vacías [no necesariamente sin contenido].

Segundo Grado Pensamiento. El pensamiento implica un orden con energía. Sea que esta capacidad sea constructiva o destructiva, posee un devenir propio aunque incompleto y contradictorio.

Tercer Grado Idea. La idea es ya un conjunto ordenado de pensamientos. Los mismos, están integrados dialécticamente. Su autonomía, parcialidad y fragmentación, fluye con un sentido. Existe racionalidad, posibilidad de poner a prueba hipótesis, cuestionar ideas anteriores y refundarlas sobre nuevas estructuras.

Naturalmente, el proceso afectivo y el racional, se producen en paralelo. Aproximadamente hacia la mitad del mismo, cuando el pensamiento y el afecto se liberan, ambos, comienzan a explotar, como diques rotos y surgen en forma brutal y continua, a gran velocidad; queda una pregunta, ¿realmente se produce una liberación energética o es que esta energía siempre estuvo allí, pero por primera vez se escucha? El primero es la inversión del segundo en tanto las emociones, sin simbolización, son fragmentos parciales y confusos, mientras que al ser significados, pasan a llamarse sentimientos. Lo propio ocurre con la simbolización, que pura y objetivamente, va cargándose de energía hasta convertirse en poderosas ideas.

Como anticipamos, este proceso es paralelo y ocurre en relación a la activación [reactivación] de un centro, único y esencial, en Rogers, el self.

55

La caída del impostor

El self en Rogers es el centro integrador y transmutador de energía. Es a través de lo cual la energía primordial, la tendencia constructiva y positiva a la actualización, se expresa. El self, es propiamente lo que da la individualidad a la persona, lo que en palabras de Rogers, *hace* a la persona. No obstante, este self, está o puede estar, enajenado. Puede, en efecto, existir un falso self, (1984).

El falso self es creado como un artificio y, como tal, generará ese extraño vacío, incluso en gente culturalmente "exitosa" de no ser ella misma. El mismo, se forma en la temprana infancia cuando los condicionamientos, hacen que la persona no pueda pensar-sentir su propio self.

Te dijeron que tenías que ser esto y aquello. Que esto estaba bien. Que aquello estaba mal. Te dijeron que tenías que tener éxito. Que debías esconder tus sentimientos. Que debías ser un ganador. Que debías ser un perdedor. Que tenías muy poco para dar. Que tenías mucho para dar. Que eras bueno. Que eras malo. Que eras hermoso. Que eras feo. Que eras inteligente. Que no eras muy brillante. Que debías amar a tu hermano. Que debías odiar a tu enemigo. Que debías ir a la iglesia.

Todo este cúmulo de mandatos, obligaciones y condicionamientos [Rogers lo sintetiza en términos de condicionamiento] hacen que se genere un falso self. Un centro creado en torno a lo que se supone que debes sentir, pensar y, lo más importante, ser. Para este autor, la misión fundamental del psicólogo es rescatar al verdadero self, de este impostor. Este impostor, nos hace sentirnos miserables, quebrados, incompletos, inútiles, útiles, vengativos, enojados con la vida y el mundo. Es todo aquello que nos hizo, en suma, desconfiar, descreer y dudar de nosotros. Es propiamente una *herida*.

La necesidad afectiva del humano bebé, es tan grande, que el bebé será capaz de cualquier cosa, incluso de sacrificarse a sí mismo [a su sí mismo] con tal de obtener ese amor. Todo esto se produce por un proceso de continuo condicionamiento, naturalmente acrecentado por el lazo afectivo. Cada vez, sin excepción, las heridas hacia el sí mismo van creando el sacrificio, necesario para sobrevivir. Este sacrificio dará un resultado más o menos monstruoso, el falso yo, regente y protector. Dependiendo de los alaridos y el poder de esta bestia, el self verdadero emitirá, de vez en cuando, algunas señales de vida.

Según Rogers, el rescate de este ser herido, sólo es posible a través de la Aceptación Incondicional; vano será ofrecerle más control y fuerza al inquilino.

> Hay que dejar que la propia experiencia le dicte a uno su significado; en el momento en que *uno* le dice lo que significa, entabla una lucha contra uno mismo, (Rogers, 1984, pp. 108-109).

56

El rescate

Lo que está en juego no es poca cosa. El rescate del verdadero self, implica por consiguiente, un rescate del amor, herido. No se trata, como podrá entenderse, de fortalecer el ego [la teoría de Rogers es metapsicológica] sino de recuperar la energía robada, a través del centro verdadero de la persona, (1981). En esencia, este individuo puede poseer deseo [parcial, invertido o destructivo] pero ese deseo es propio del centro foráneo. El deseo, real del sí mismo, una vez activado, posee la fuerza cíclica para autoactivarse a sí mismo [el deseo del deseo] característica esencial de que este deseo es auténtico.

La Aceptación Incondicional posibilita que el falso self quede desenmascarado, mientras que le permite al verdadero comenzar a emerger. Esto Rogers lo describe como el proceso a través del cual uno se convierte en *aquello que realmente es,* (1984). Y para dejar que otro sea aquello que es, la respuesta no puede venir desde afuera. No se puede emprender, ningún proceso de "nuevos" condicionamientos, por positivos, adaptados y racionales que estos se crean.

Por eso es que hablamos de un verdadero rescate.

En este rescate tenemos a tres protagonistas: el terapeuta, por supuesto, la persona y la aceptación incondicional. Estos tres elementos, crean un tipo de interacción única y extraña.

El individuo. Para Rogers, es el único experto en la relación. Y es experto porque nadie más que él, conoce su propia conflictiva, su herida y batallas. Este autor busca que la persona recupere el poder que cree perdido en su neurosis, en su ambiente, en cualquiera que sea su conflicto interno. Esta búsqueda de *empowerment* [empoderamiento] es un proceso delicado, complejo y al mismo tiempo esencialmente simple. Se trata, en suma, de hacer presente un profundo respeto por la esencia de esa persona. Recordemos que el individuo se encuentra tiranizado por su interior, su exterior y el falso self, es decir, aquello que *cree que debería ser*.

Pero aquí encontramos el punto clave para que el rescate sea efectivo. El self verdadero, sigue con vida. No obstante, la característica esencial hacia este self, es el profundo desconocimiento, negación y represión. El mismo, sólo comenzará a respirar a medida en que el individuo comience a conectarse con aquello que es, es decir, aquello que siente y piensa. Aunque sea confuso. Aunque sea caótico. Aunque provoque ansiedad y miedo.

El terapeuta. El rol del terapeuta, no es pasivo como podría entenderse. Tiene que colaborar, sin intervenir, en la operación de rescate. El self real del terapeuta permite un progresivo despertar del self del cliente. La consciencia, clara y tranquila del terapeuta, colabora en la exploración de los mundos internos del individuo. La actitud del terapeuta, no tiene que entenderse como una pose empática y receptiva. El terapeuta debe realizar el rescate tal como si fuera un rescate propio. Rogers dice que hay algo de mágico y misterioso en todo esto. Con cada rescate, uno siente que a la vez, sin importar los años de experiencia, también es liberado en el proceso.

Por su parte, la *aceptación incondicional*, permite una progresiva profundización en el mundo interno, disgregado, en conflicto y quebrado del individuo. Este proceso guía, tiene como base, el método fenomenológico, el cual, se cumple, en la terapia de Rogers, a cabalidad. Se muestra lo que se muestra y lo que emerge, ha de emerger, así y por sí mismo. Se profundiza, en lo que el propio rescate auspicia. Cualquier detención o irrupción arbitraria, rompería propiamente el método. Esta ruptura no es menor, ya que lo que está en juego, es el rescate del self real.

Este trato cuidadoso y metódico [pero radicalmente auténtico] y el progresivo desenmascaramiento del impostor, logran que el self poco a poco vuelva a la vida. Según Rogers esto se logra en la sexta etapa de su terapia. Este proceso de la persona hacia lo que realmente es, enmarcan el principio de la posibilidad ilimitada. Se activa así su energía primordial y la misma, es dirigida por el self, esta vez, real.

57

El self versus el selbst

Rogers modificará nuestra teoría en dos aspectos esenciales. Primero, nos dará un punto de anclaje a nuestro ya muy diverso [y complejo] devenir teórico. Su self, puede ser integrado a nuestro *selbst*. Segundo, introduce el quinto nivel teórico a nuestra psicología integrativa: *nivel existencial*. En este capítulo, desarrollaremos estas dos modificaciones.

El rescate del self verdadero de Rogers, puede entenderse como una búsqueda de la esencia humana en un sentido extraordinariamente profundo. Hasta ahora, ningún teórico puso el énfasis de Rogers en esta esencia, la cual resguarda en un sentido casi epifánico y reverencial. Esta esencia, es, de aquí en más, nuestro alfa y omega, en tanto encarna el origen del deseo más propio, como también la aseveración kierkegaardiana de *ser lo que realmente uno es*. Es, en suma, ir de lo más superfluo [campo fenoménico] a lo más profundo.

En Rogers, esta esencia es encontrada en el ámbito, justamente, fenoménico. Todas sus ideas teóricas [débiles filosóficamente] tienen un fuerte acento en éste ámbito que explora con un interés científico loable. Pero no es lo mismo nuestro selbst, que el self rogeriano [y de ahí el haber elegido un idioma distinto para el término]. El self de Rogers es móvil y casi siempre equivale o se acerca a un autoconcepto. Nuestro selbst, en cambio, es inmutable, pero produce la movilidad, el cambio [y lo explica]. El self de Rogers es un concepto cercano a la consciencia. Nuestro selbst es inconsciente y jamás devendrá consciente, excepto en sus manifestaciones.

Las cuales son móviles.

Como el self de Rogers.

Este es el punto exacto donde ambas ideas se encuentran. El self rogeriano, es la manifestación, existencial, de nuestro selbst.

Por otro lado, planteamos la integración teórica del *nivel existencial*. Es el nivel vivencial, propio del devenir diario. La vida, sin más. En nuestra gráfica [el cuadrado] está representando el ámbito de conducta, pero en suma es el ámbito social y el existencial. En Adler tuvimos problemas para diferenciar si lo que él llamaba tendencias sociales, eran propiamente tendencias o una usurpación cultural. Este nivel requerirá una atención que aquí no desarrollaremos. No obstante, a través de Rogers, podemos delinear ciertas particularidades del mismo. La esencia de este nivel no es la existencia en sí, sino lo que él llama la vivencia organísmica[40], (1984). Estar en contacto con esta vivencia, no es otra cosa que estar en contacto con el cuerpo y lo que él emana.

---

[40] Si este nombre no es lo suficientemente horrible, buscaremos otro. Tiene, claro, que ver con el ser orgánico, el cuerpo propiamente, el ámbito sensación y afecto.

58

No te olvides

Emprendamos una crítica a la teoría de Rogers.

Antes de la crítica, es necesario repasar una particularidad de este autor. Su teoría tiene una base científica sólida aunque cualquier prejuicio intente decirnos lo contrario. Se esforzó no tanto en teorizar como en operacionalizar sus postulados y comprobarlos cada vez que pudo. Sus conceptos, simples, repetitivos y [filosóficamente] débiles, son compensados por esta irrefutable búsqueda de verificabilidad. No es menor que como creador de una terapia, grabara tratamientos completos para luego analizarlos con detalles. No hay mucho que sospechar: muchos no querrían si quiera considerar esa posibilidad. Ahora bien, este punto a favor, nos brinda a nosotros, una base sólida sobre la cual construir. Hemos modificado dos aspectos fundamentales de nuestra teoría, los cuales, se enmarcan en esta teoría de un nivel científico medio a alto.

Emprendamos, por fin, una crítica. Hay dos aspectos que resaltan a priori: esa visión positiva de la naturaleza humana y la poca profundización en sus propios conceptos. Cualquier persona que ha luchado con sus demonios y su medio, comprende que existe algo similar a un sí mismo que lucha por imponerse ante un ambiente hostil. La concepción del hombre como básicamente buena, no es tan inocente en este autor como en otros, pero está. La energía, el impulso básico, despierta lo bueno y lo malo, potencializándolos. Según Rogers, lo bueno y lo malo, serán sentidos con una intensidad mayor. No hay nada como una persona autorrealizada, [selfactualizing] como algo completo. Lo que hay, claro, es un centro, capaz de procesar estos sentimientos o emociones.

Por otro lado, marcábamos la poca profundización en sus propias ideas. Esto es, no intentó derivar leyes o formas de, por ejemplo, lograr el rescate en forma más efectiva. Se apegó a su terapia y sólo organizó y reorganizó sus conceptos en torno a ella, pero sin intenciones de modificarla o perfeccionarla[41]. En este

---

[41] Hay que decir, también, que se ocupó de aspectos educacionales, sociales y hasta políticos. Su visión utópica y esperanzadora, inspiró, sin duda, profundos cambios no sólo en la psicología, sino en las ciencias sociales y en la concepción del hombre en general. Rogers en la famosa encuesta entre profesionales anglosajones de los ochenta, fue

sentido, creemos que existen vías alternas. Es decir, sin negar los conceptos de base, el rescate, podría producirse por otras vías. Esto, no obstante, tómese como una hipótesis.

Rogers, en suma, abre una nueva etapa. Es un autor sobresaliente y su obra, aunque lenta y descriptiva, marca un cambio rotundo en lo que hasta ese momento fue. Por nuestra parte, abre un panorama de rescate de las esencias. Por lo demás, *No te olvides*[42]:

> De que siempre hay alguien – o algo-
> esperando por vos, algo más fuerte, más inteligente,
> más malo, más amable, más duradero,
> algo más grande, algo mejor, algo peor,
> algo con ojos de tigre, mandíbulas de tiburón.
> Algo más loco que la locura, más cuerdo que la cordura,
> siempre hay alguien o algo esperándote: mientras
> te ponés los zapatos mientras dormís o cuando vaciás un tacho de basura,
> o acariciás un gato, o cepillás tus dientes, o festejás un feriado,
> siempre hay alguien, o algo esperándote.
> Metételo en la cabeza, para que, cuando pase,
> estés lo más listo posible, mientras,

---

elegido como el psicólogo más influyente de la historia.

[42] Charles Bukowski.

que tengas un buen día – si es que
todavía estás ahí –
yo pienso que estoy – me acabo de
quemar los dedos con éste cigarrillo -.

QUINTA PARTE:

PSICOLOGÍA COGNITIVA

8. ELLIS

59

La lucha interna

Ellis encuentra una forma, activa y directiva, de lograr la cura. La cura, para este autor es relativa al propósito, (1989). Los humanos tienen, por naturaleza, dos tendencias: hacia la *irracionalidad* y hacia la *racionalidad*. Ambas disposiciones, según este autor, están biológicamente instauradas. Pero debe prevalecer la racionalidad si lo que queremos es desarrollarnos, cumplir con nuestras metas y, en suma, ser humanos. De la lucha entre estas dos tendencias, provienen todos los desajustes.

Pero hay una diferencia esencial.
Lo irracional no cuestiona excepto para lograr sus fines.
Lo racional, en cambio, es capaz de cuestionar los fines.
Lo irracional resguarda el fin, como algo indudable, sagrado.

Lo racional, es capaz de preguntarse por qué este fin es resguardado como sagrado. Lo racional, es para Ellis, la puerta a la salud mental en tanto capaz de avanzar y retroceder, flexiblemente, (1989).

> el rasgo central de las personas psicológicamente sanas es una filosofía de relativismo o del «deseo», (Ellis & Dryden, 1989, p. 28).

Lo irracional, en cambio, sólo se encarga de resguardar, por medios viles, el núcleo internalizado patológico. Por la vía de lo racional, llegamos a este núcleo, el cual puede comenzar a desactivarse a través del cuestionamiento. Resulta crucial entender que lo irracional, puede incluso servirse de lo racional para proteger el núcleo patológico, siempre y cuando, este núcleo no sea ni observado, ni cuestionado.

60

La desactivación del mal

A Ellis no le resulta relevante saber el sobre el origen del núcleo, ya que el mismo, continúa activo. Lo trascendental, es llegar a él y *desactivarlo* [y en ese proceso saber algo de su origen]. Saber sobre la causa, no significa nada si el núcleo sigue activo, (2000).

A los núcleos de irracionalidad se llega a través de sus efectos, es decir, las expresiones, puntuales, de lo irracional. Partimos así de creencias tan conscientes, como automáticas, las cuales actúan como guía en el discurso del individuo. El paciente, se dice insistentemente, razones para estar más deprimido o más ansioso.

61

La navaja de Ellis

Los propios filtros a través de los cuales observamos la realidad, terminan por distorsionarla. Si dejamos que estos núcleos, tan ajenos como irracionales, dominen nuestra vida, terminaremos tiranizados desde, al menos, cuatro ángulos, (1989). Primer ángulo: el amor, como necesidad imperativa de tener un otro. Segundo ángulo: el trabajo, como imposición de éxito. Tercer ángulo: nuestra relación con nosotros mismos, en tanto exigencia de perfección. Cuarto ángulo: que los otros, nos traten en forma justa. Estos cuatro ángulos [se corresponden con nuestro cuadrado social] son transculturales, pero a priori, terminan por darnos un veredicto, en suma o en partes, sobre el sentido último [el círculo externo mayor].

Ellis opera estos cuatro ángulos, arrancándolos de raíz. Llamaremos *Navaja de Ellis* a este procedimiento. Ninguno de estos ángulos, puede imponernos nada (por internalizados que los tengamos). Asimismo, ninguna de estas preguntas –de la vida o la sociedad- nos son dadas.

Es cierto, dirá Ellis, que no hay nada irracional en sí, en exigirse el mayor de los éxitos en todo. No obstante, si no somos superhumanos, tendremos inevitables problemas con esta resolución. Normalmente es más lo que se pierde que lo que se gana, pero es en lo que se gana, que todo, incluso lo perdido, encaja.

La navaja, en suma, irradia cortando a partir de las siguientes negaciones.

No necesitas amor.
No necesitas éxito.
No necesitas perfección.
No necesitas respeto.
No necesitas justicia.

Puedes desear amor, éxito, perfección, respeto y justicia, pero no *necesitar*. En eso consiste la navaja. Ninguno de estos aspectos, por sí mismo, puede devenir en imperativo categórico. Ni nosotros hacia otros, ni otros hacia nosotros, ni nosotros hacia nosotros.

La navaja, quita la distorsión. Los núcleos, en sí, son aspectos sociales. No hay nada que nos impida romperlos o desanudarlos.

62

Los núcleos irracionales

La racionalidad puede ser utilizada por la propia irracionalidad para sus fines, siempre que no se cuestionen sus núcleos. Al atacar estos núcleos, el origen de la distorsión, no puede sostenerse. Al mismo tiempo, estos núcleos pueden crecer, sin importar su origen, hasta niveles insoportables. Las ideas distorsionadas, pueden afectar nuestra vida al grado de hacerla imposible. Lo que revive Ellis (1989) y la psicología cognitiva en general, es una vuelta a la racionalidad como factor clave, capaz de deshacer de raíz al más profundo de los núcleos distorsivos. Los mismos, son atacados desde la periferia.

A través de una serie de círculos que se van cerrando sobre los núcleos irracionales, iremos refutando, idea tras idea el absurdo. Las más externas, más frágiles, casi no ofrecen resistencia o es posible que la persona diga, "ya sé que es ilógico". Si este es el caso, se avanza. Donde hay resistencia, hay irracionalidad. Y esto opera como una suerte de guía.

Las ideas irracionales pueden haberse engendrado en tiempos remotos. No es necesario remitirse a la niñez. La idea distorsionada, puede arrastrarse de generaciones, incluso ser un imperativo cultural.

Para Ellis, no obstante, el origen de la distorsión, es irrelevante. Si afecta el aquí y el ahora, es porque está *aquí* y *ahora*. La distorsión puede haber sido inoculada por la madre o una abuela, en años donde la consciencia todavía no era clara. No obstante, dicha distorsión se ha independizado de su origen, requiriendo para sí no sólo la atención del individuo, sino toda su energía, (2000).

63

Voluntad de refutar

Los individuos humanos tenemos metas, proyectos. Lo racional no es mejor que lo irracional en un sentido estricto, sino que posibilita que dicho camino no sea robado por horizontes ajenos. Lo irracional, distorsiona, desvía, ralentiza y transforma en una pesadilla el día, la hora, el minuto. Es la mente hablando, todo el tiempo, todo el día, sobre cosas sumamente irracionales, (2004).

Todo el tiempo nos hablamos.
A cada instante definimos y nos definimos. Si somos capaces de observar a través de aquello a partir de lo cual definimos y nos definimos, la realidad se transforma en otra cosa.

Pero no es la realidad lo que importa en sí. No se trata de lograr un pensamiento racional-científico, sino de poder ir por nuestros proyectos sin ser, nosotros mismos, quienes atentemos contra ellos.

El aspecto propositivo humano, debajo del psicoanálisis y el conductismo, yacía envuelto en tanta relatividad y fragilidad, que pareció morir para siempre. Ellis no negará nunca las condiciones, por el contrario, se trata de observarlas y cortarlas de raíz, (1989). Nuestra vida, en última instancia, no es consecuencia ni de lo inconsciente, ni del destino; es voluntad de evaluar y refutar.

Los cuatro tirantes del mundo

Con Ellis logramos dos avances significativos. El primero de ellos se corresponde con nuestro inacabado cuadrado social. Clarificamos sus cuatro ángulos. Por otra parte, gracias a este autor, refinamos también lo que más o menos veníamos observando. El origen de la psicopatología no corresponde tanto a una causalidad, sino al desvío de energía hacia núcleos ajenos, instalados como distorsionadores tanto de nosotros, como del mundo [múltiple y compleja causalidad].

Transculturalmente podemos hablar de cuatro ángulos. Son, propiamente, *tirantes del mundo* porque poderosamente nos halan. Respondamos afirmativa o negativamente a cada ángulo; amor, a nosotros mismos, al trabajo (o la materialidad en general) y a lo social-filial; no importará tanto la respuesta o causalidad, sino el obligado arrastre a responder ante ellos. Son aspectos, claro, que se relacionan más con lo propiamente existencial que con lo psíquico, pero este cuadrado, tiene un reflejo oscuro en el interior. El círculo, está obligado al mismo, porque es contenido por él. No son valores. Son aspectos existenciales. Es decir, desde nuestra psicología, no podemos plantear si es bueno o no tener amor, pero sí que debemos posicionarnos ante eso.

Agregamos el círculo externo como la quinta y última tirantez. Es nuestra visión más profunda de la vida. Respondemos a este círculo como el destino, llegado el caso, Dios, pero respondemos a él de tal forma que siempre está presente. Es la totalidad parcial. Es totalidad porque observamos a través de este círculo mayor, toda nuestra vida, con lo positivo y negativo. Y es parcial, porque necesariamente recortamos nuestra vida al momento presente. Sólo en la vejez podemos tener una idea más completa de este Círculo.

La energía, puede ser absorbida por cualquier idea.

La pregunta por el análisis

Una crítica a la postura de Ellis nos acerca a una crítica a la razón, en tanto guía. Si no comprendemos la racionalidad, mentada por este autor, difícilmente podremos realizar una puntualización al tema. Su razón, es, flexible y relativa, (1989). Es guía, pero no es fin en sí; el fin en sí, está dado por el proyecto de vida y las metas del individuo. Comprendido esto, no podemos arremeter contra este autor desde una postura postiluminista[43]. Ahora bien, en lo que sí podemos centrarnos, es en el rol activo, directivo y proactivo de la terapia y el terapeuta. Salimos de Rogers, su extremo opuesto, para caer en Ellis.

¿Qué postura o posición es realmente mejor? Rogers argumenta que si se realiza la dirección, lo que se obtiene es una dependencia del individuo al terapeuta, ya que en suma, no es él el que resuelve el conflicto, sino el terapeuta. Por otra parte, Ellis nos dice que el rol activo y directivo de su terapia, redunda en efectos

---

[43] Ellis se hace llamar a sí mismo y su teoría como postmoderna.

contundentes, tratamientos breves y resultados profundos.

Antes de intentar responder a la pregunta qué es mejor, podemos preguntarnos qué es mejor *para nosotros*. Una dialéctica, parece irreductiblemente necesaria. El bálsamo que ofrece Rogers en su terapia, no es reproducido en ninguna circunstancia de la vida. El individuo deberá tomar posición.

Una última cosa y es tal vez la más relevante: cualquier método, debe adecuarse a las dos individualidades en juego: terapeuta y paciente. El terapeuta, deberá resolver, qué método le queda mejor. Por otra parte, deberá ser capaz, también de resolver, qué técnica le resulta mejor al paciente. Si terapeuta y paciente son antagónicos, lo mejor será recurrir a la derivación.

Es probable, y esto lo digo a modo de hipótesis, que las patologías donde se encuentre comprometida lo que llamamos personalidad, sea mejor una terapia menos directiva que en aquellos trastornos que no implican al individuo como totalidad.

9. BOWLBY

66

El primate fallado

John Bowlby ofrece una mirada a la infancia científicamente fundada. Las posturas con base empírica, nos brindan un particular auspicio a la imaginación, siempre y cuando, conservemos la base referencial de los datos. Con Bowlby entramos de lleno al *apego* (1995), en sus dos formas, seguro e inseguro.

Se observa en los primates superiores (1995) y el ser humano, que la exploración del mundo, por parte de la cría, se hace en relación a la figura parental que opera a) como protección en caso de peligro y b) como refugio al cual volver. La cría vuelve a su madre si duda o teme. La cría mira su madre para saber si todavía está allí. Y mientras esta figura esté presente, continuará con su curiosa exploración en círculos cada vez más abiertos.

Desde afuera, observaremos a esta simple secuencia como una ganancia. La cría gana confianza. Pero lo que en realidad gana es que el propio deseo de explorar y conocer, se siga expandiendo, continuando con su curso natural. En los primates superiores, la secuencia, se logra siempre y en forma perfecta. En el humano, no ocurre así. El mundo es un peligroso infierno si no hay una base segura. Esta base, ofrecerá un seguro trascendente porque el pequeño, tendrá la certeza

> que será bien recibido, alimentado física y emocionalmente, reconfortado si se siente afligido y tranquilizado si está asustado. Esencialmente, este rol consiste en ser accesible, estar preparado para responder cuando se le pide aliento, y tal vez ayudar, pero intervenir activamente sólo cuando es evidentemente necesario, (1995, p. 24).

Los humanos tenemos la extraña capacidad de desvirtuarnos. Según Bowlby, este atentado contra el conocimiento deviene de formas protectoras deficientes.

El amor lastima

Si la mayor cantidad de veces que el humano bebé duda o teme, es rechazado, este humano bebé observará, que no hay refugio dónde ir. Desarticulará internamente el amor, aprendiendo no sólo a desconfiar del mismo, sino también a defenderse de él. Ningún rechazo duele más que aquel que nos encuentra vulnerables, (1993, 1995).

El humano bebé busca activamente la protección, la cual no sólo le es negada, sino que es rechazado. Deberá aprender a curarse por su cuenta. Pero este cuidado no podrá ser aprendido ya que quienes supuestamente le aman, lo rechazan. Recordemos que este rechazo es particularmente importante ya que se hace desde un pedido, un pedido desde la *máxima vulnerabilidad*. Devienen aquí dos conclusiones: si nadie me ama, no amaré a nadie. El control del amor, será siempre mío. Podré usar al amor, pero nunca más ser usado por él [la vulnerabilidad]. Observamos aquí un surgimiento del deseo ya no de poder, sino de control.

El otro, es un enemigo. No puedo confiar. Debo matar o morir. Estas anotaciones caricaturizadas y extremas, pueden observarse casi limpiamente en ambientes violentos. Esta secuencia no es nunca completa, de lo contrario no podría continuar si quiera la vida, es decir, el rechazo, no puede ser completo; alguien, algo, alguna vez, nos salvó, de lo contrario no estaríamos vivos. El rechazo de uno puede atenuarse por otro, incluso externo, el cual ayudará a generar, no tal vez una base de apoyo, sino, al menos, una idea de la misma, la cual en algún momento le salvará[44].

---

[44] No es vano anotar aquí lo siguiente: la introducción de figuras protectoras, en ambientes violentos, puede llegar a salvar, literalmente, el futuro de esa vida o de la propia sociedad.

68

El miedo a perder

El amor es una fuerza extrema, poderosa y siempre impredecible. Nos paramos ante él como ante un Dios. De él no podemos saber nada excepto que es capaz de llevarnos a las esferas celestiales o a los populosos infiernos. El segundo tipo de apego inseguro es el más común y complejo. Radica en el amor, por parte de los cuidadores, es a veces dado, a veces negado. El bebé es rechazado o amado, sin ningún tipo de control o previsión, (1993, 1995).

Debe quedar claro que las secuencias de apego, seguro o inseguro, forman estructuras muy difíciles de desactivar, (1995). La vivencia de esta secuencia no es tan relevante como la estructura en sí, pero esta estructura, carece de valor si no es reactivada. El amor reactiva, en cada etapa, estas secuencias y las mismas, de no ser trabajadas, se vivirán como un *obscuro destino*.

El amor aquí, la contención y protección, será a veces dada, a veces negada. El bebé humano interpretará estos dolorosos rechazos en términos de culpabilidad, en (inútiles) intentos anticipatorios. El temor no sólo será hacia el mundo que se quería explorar, sino también al próximo e impredecible rechazo. El pequeño, tenderá a no distanciarse de este cuidador, ya que cualquier cosa podría enojarlo. Al mismo tiempo, tenderá convertirse en un pequeño guardián del [supuesto] custodio, para que su vulnerable humor no se altere y le rechace. Desgarradoramente todos sus cuidados y temores, tenderán a fracasar. Como hablamos de un bebé, sus pocas armas, no comprenderán que el problema le es externo, sino que aumentará la secuencia de cuidados y preocupaciones. Invariablemente vivirá entre el cielo y el infierno. En este caso, el amor es probado, pero al mismo tiempo, antes de impulsarlo a explorar, lo vuelve temeroso, pensativo; ¿qué hice mal? ¿Por qué ahora no me ama?

En esta clase de apego, como la búsqueda de control concluye siempre en fracaso, el resultado es una esencial pasividad. Por otro lado, la ansiedad y la depresión serán una innegable sombra de este amor. Todo esto se atenúa si consideramos que nunca los bebés son cuidados por una sola persona. Tendrán relativas posibilidades de escape. Pero esta relativa posibilidad está limitada, siempre por aquello que ame más.

69

John

Lennon (1970) aclara en un recital en vivo que la canción Mother[45] no trata sobre sus padres sino que es una canción sobre los padres del 99% de los humanos, vivos o muertos. No analizaremos aquí la psiquis del autor, sino el significado de la canción, por demás revelador.

La canción inicia con lo que parece ser un reclamo:

> *Madre, tú me tuviste, pero yo jamás te tuve...*

Pero esto nos muestra, la asimetría fundamental del vínculo; el amor entre el bebé humano y el cuidador, no es amor propiamente dicho. Aquí, alguien jamás tendrá, ni dominio, ni control de aquello y

---

[45] MOTHER: Mother, you had me but I never had you / I wanted you, you didn't want me / So I, I just gotta tell you / Goodbye, goodbye /// Father, you left me but I never left you / I needed you, you didn't need me / So I, I just gotta tell you / Goodbye, goodbye /// Children, don't do what I have done / I couldn't walk and I tried to run / So I, I just gotta tell you / Goodbye, goodbye [4x] /// Mamma, don't go / Daddy, come home. /

quedará a la deriva, de la suerte y el destino, en cuanto a la capacidad propia del cuidador, en este caso, la madre.

Yo te quería, pero tú no me quisiste...

Dice la canción en el segundo verso. Aquí el autor refuerza lo dicho. Al llegar al mundo, nadie nos asegura amor y lo seguro del amor, puede, lastimar. Pero es en el siguiente verso donde comienzan a aparecer otras cosas.

Entonces yo,
quiero decirte
adiós... adiós.

Observamos aquí al adulto, tratando de despedirse de ese vínculo, asimétrico, de apego. Este adiós no es un adiós a la madre en particular, es un adiós al apego que continúa presente incluso en el adulto y en su manera de relacionarse con el mundo.

Padre, tú me dejaste,
pero yo nunca te dejé.

Dice John en relación a su segundo cuidador. Aquí se afirma nuestra idea de eso que "nunca se deja". Asimismo, remarca la asimetría, propia de este amor en la carencia. No tratamos aquí con los padres de Lennon. Aquí tratamos con todos los padres o la gran mayoría.

Aprendemos a amar desde la necesidad, la falta y la incompletud. Por equivalente opuesto, la base segura, nos llevaría a tomar una posición más activa. Llamamos desde la falta de ese amor, al que necesitamos, pero es a partir del cuidado y amor de nuestros cuidadores, que nuestro propio amor encausará en su propio ritmo y voluntad.

John insiste en esto de la necesidad, literalmente:

Te necesitaba mucho,
pero tú no me necesitaste.

Dice el autor a su padre –todos los padres. Y se despide, corta, rompe.

Entonces yo,
quiero decirte
adiós… adiós.

Esta ruptura, no debe entenderse ni como un proceso de duelo, ni como una reminiscencia. Se trata de la ruptura de la *estructura de apego*. Observemos lo que dice a continuación.

Niños,
no hagan
lo que yo hice.

Desencajada, esta línea, parece introducir un consejo, algo fuera de contexto con lo que venía diciendo, pero agrega:

No podía caminar y traté de correr.

Dice la letra. Este críptico consejo, si tratamos de anudarlo a la temática paterna, nos debería revelar algo, a saber: no supe amar e intenté hacerlo, pero sólo lastimé. Si parece forzada la interpretación, debe tenerse en cuenta que llama a sus oyentes, "niños", es decir, como dando a entender que no importa la edad que tengas, todavía puedes encontrarte en esta estructura de apego. No es, obviamente, una canción para pequeños, con lo que se entiende que gente adulta, jamás deja de serlo. Pero esto no en el sentido romántico, sino en el trágico: el amor te lastimó y ahora sólo sabes lastimar o lastimarte por amor. Por eso, vuelve al estribillo, al que no le cambia nada; John se sabe niño en ese sentido y debe despedirse. Cuesta mucho perdonar el daño, pero más difícil suele ser perdonar el daño generado.

Entonces yo,
quiero decirte
adiós… adiós.

Y es justo allí, en ese punto, donde vuelve a aparecer, ese niño herido y suplicante:

Mamá, no te vayas.

Papá, regresa a casa.

Estos dos versos se repiten una y otra vez en forma progresiva hacia el grito desgarrador.

70

De la asimetría al destino

El apego, deja de ser tal, cuando se transforma en base segura. Haremos en este capítulo una especulación de la base y su significado, como así también una integración de esta idea a nuestro modelo. Llevamos visto el [amor] condicional [Watson] y el amor incondicional [Rogers]. Con Bowlby, observamos el amor ambivalente [inseguro ansioso] y el rechazo directo [evitativo]. En dosis mayores o menores, todos hemos tenido muestras de cada una de estas clases de amor, no obstante, es en la niñez, la primera infancia, donde se manifiesta que las mismas terminan por configurar una estructura neurótica y en los casos más graves, es probable que determinen o generen psicosis.

Si el amor se introduce por la vía de la condición y no coincide con nuestro selbst, lo que se generará en nuestra psiquis es un falso centro, el cual guiará, articulará y reprimirá nuestro desarrollo. En este caso, será inevitable un sangriento y silencioso conflicto. Dependiendo la tiranía de la condición, emergerá o morirá aquello que somos en realidad.

Si el amor recibido resulta ambivalente, surgirá el miedo y el terror a que dicho amor pueda perderse. Este miedo y terror es algo abismal[46]. Perder dicho amor, es perder *todo*. Dicha pérdida, se articula con la culpa, ¿qué hice mal? ¿En qué fallé? Pero si la clase de apego es de tipo evitativo, el amor se da por perdido y se entrega a la supervivencia. Todo se transforma, en una jungla donde rige el poder y la fuerza; la supervivencia del más apto. Aquí los sentimientos remiten a la venganza, la furia y el poder destructivo.

Hemos recorrido, hasta aquí, en términos psicopatológicos, a la dependencia, el masoquismo –culpa- y el sadismo –venganza-.

El apego seguro, por su parte, pasa a ser *base segura*. Deja de ser apego; se descubre que uno no sólo está aquí para recibir amor, sino también para darlo. Se deshace la asimetría, factor clave y fundamental. Recordemos que la misma nos posiciona en receptores pasivos del destino. No sólo necesitamos amor, sino también cuidados, alimentos y una infinidad de comprensiones.

---

[46] Esta clase de terror abismal, si se ha tenido esta clase de vínculo afectivo, es revivido en las rupturas de pareja. Es un vacío absoluto y desolador.

71

Cuestionar la interrogación que interroga

Aquí emprenderemos una crítica a la teoría del apego. Hemos mencionado que es una teoría profundamente empírica. Sus postulados principales, pueden ponerse a prueba –y observarse a simple vista. Ahora bien, como toda teoría que pone énfasis en la niñez, termina por reducir el resto de la vida, a ese breve lapso y al factor pasivo del humano. El amor no es algo que podamos definir por la vía negativa. No surge por carencias, faltas o incompletudes aunque en él, todo ello sobreviva. El amor es creativo, propositivo y capaz de transformar, por sí mismo, la totalidad en otra cosa.

La voluntad, como concepto, tendrá que completar esta ausencia. Es cierto que tanto en James como en Wundt, la voluntad tiene un rol fundamental. No obstante, el mismo, cae al olvido luego de la aparición de la metapsicología. Desde el psicoanálisis, el imperio de la voluntad, no sólo es puesto en duda, sino que comienza a caer a pedazos.

En un principio, todo era voluntad. *Luego,* nada fue voluntad. Si bien la historia gusta de escribirse a través de estas dialécticas, no podemos seguir sin integrar, en una fórmula que resuelva, ambos problemas. No se trata de repartir verdades, ni de encontrar un punto medio.

Nuestra teoría, no sólo debe ser capaz de poner en duda y cuestionar todos los paradigmas, sino que también, debe cuestionar el paradigma desde el cual cuestiona y por último, ser capaz de, al mismo tiempo, dar un nuevo giro y volver a cuestionar si lo cuestionado es correctamente interrogado.

10. KABAT ZINN

Kabat Zinn Intro

Este capítulo, obra como puente a los dos que siguen, los cuales, son a priori, la curiosidad máxima de esta obra: tomar como psicólogos a Lao-Tse y a Buda.

No es ningún misterio que el *mindfulness*, toma como esencia, la meditación y algo (poco) de la filosofía budista. En este sentido, Occidente traza un puente, científico y en posibilidades filosófico, a Oriente. Sin este autor, sin la historia de la psicología occidental, los autores orientales en los próximos capítulos, quedarían como sujetos a fuerza, antes que a razón.

Pero es la propia psicología, la Psicología Cognitiva, la que en su Tercera Revolución, abre las puertas a Oriente; por decantación, aunque todavía esto no se ha producido, esta revolución requerirá de una profunda reorganización teórica. La meditación *per se* nos obliga a dejar de chapotear en la superficie de la consciencia y meternos, con decidido esfuerzo, a sus profundidades.

72

Aceptación de la locura

Cada segundo de la vida, de cualquier vida, la vida, es poseída por el hirviente mental. A una velocidad de vértigo y analizando, lo interno y lo externo, se emiten juicios, pensamientos, se atraen y rechazan objetos, emergen, contradicen y chocan emociones, nos definimos y definimos, mantenemos en orden el mundo, nuestro yo y el futuro; el pasado, no obstante, aparece como fantasmas, recuerdos que se superponen al día, a la imagen del día, a la obra del día. Todo esto ocurre al unísono. La voz yoica (Mañas, 2008), impone su orden; revisa, disecciona, administra. La psicología, identifica con pereza este hervor con el yo. Para Oriente, este yo, es un impostor. La meditación, orienta esta idea.

No dudemos que existe gente que se identifica a tal punto con su yo, (Mañas, 2008) que difícilmente pueda tolerar la idea de que sea otra cosa, pero aquí está.

Tenemos aquí un elemento evidentemente novedoso.

Y es que por obvio y siempre presente, pasa desapercibido. Si lo intentamos comprender, manipular o regular, termina siempre por escaparse. Es como algo que habla, aunque no queramos que hable. Incluso comenzará a hablar de nuestro no querer que hable.

La meditación nos dice que la forma adecuada de tratar esta locura, es *aceptarla*. Esto es, escucharla, con mucha atención. Ahora bien, el aspecto clave es que si bien se la acepta, se rechaza embarcarse con ella.

La voz habla, dice cosas, de nosotros, de los otros y del mundo. Si dejamos que esto ocurra, como si observáramos una película, la voz y sus imágenes, comienzan a disminuir. Al dejar que la voz hable, la voz logra, como mínimo, calmarse.

Pero este acto mágico, ocurre, sin esfuerzo. La intención, se detiene en el acto mismo de contemplar. Y observamos, como si fuera ajeno, lo que ocurre en nosotros.

La novedad fundamental de esta técnica milenaria, consiste en trabajar con la parte más superflua de la mente. La voz que habla.

73

Más allá de lo mental

El mindfulness en su lograda pretensión científica, (Kabat-Zinn, 2013) se deshace de los presupuestos filosóficos y convierte a la meditación en una técnica más, altamente efectiva, lo cual, en esta obra teórica, nos interesa como fundamento, pero no como fin. El esfuerzo por tomar el brillo pragmático, descartando sus milenarios fundamentos, tiene una razón evidente: como científicos, no queremos construir, una religión. Esto no impide que el pensar se desarrolle.

La meditación introduce elementos que a la psicología cognitiva e incluso la conductista, les cuesta ensamblar. El elemento fundamental es el carácter metacognitivo [no verbal, no conceptual] de esta práctica. En efecto, no se trata de un esfuerzo intelectual. Y no es lo mental, lo que está en juego. Es algo más allá de lo mental que, por alguna razón, equilibra la mente.

Un segundo elemento, que fuerza un más allá, deviene del aspecto libertario de esta actividad, (Mañas, 2008). Contrario a lo que el sentido común presupone, la escisión forzada del yo [ego] nos vuelve más abiertos, más serenos, más inteligentes, más libres. ¿Cómo podemos entender esta liberación?

El tercer elemento es el que implica la meditación como acto elegido y deliberado, esto es, como parte activa y voluntaria. La meditación no requiere de un guía, un maestro, un psicólogo, pero tampoco precisa de una filosofía profunda o religión. Descansa sobre un acto de voluntad y como tal, puede ser practicada por cualquiera, en forma independiente. Ni siquiera la instrucción para meditar debe ser precisa o compleja. A meditar, se aprende meditando. Esta voluntad paradójica, se define como un no-hacer deliberado.

74

Dinámica mental

Es asombroso y fascinante que no podamos controlar nuestra mente en sentido estricto y de que a algo que nos posee en forma completa, le demos poca o nula trascendencia. Imaginemos que esta consciencia hablante es como un campo eléctrico de energía. Siempre funciona y nuestra consciencia tiene acceso a breves porciones de la misma.

Estrictamente, no tenemos acceso a esta corriente, es ella la que pasa por nosotros. Es decir, la canción que repetimos, la escena de la pelea que preferiríamos olvidar; la inútil revisión de errores pasados. Esto ocurre y es innegable.

Podemos, claro, dirigir nuestra consciencia a recuerdos específicos, buscar en ella información, acceder a la misma y finalmente exponerla.

Podemos, así, determinar dos tipos fundamentales de activación: la siempre activa, monótona y repetitiva; su base es la *asociación*. Y la activación activa de ciertas porciones [externas] del campo. Tenemos que revisar, algunas excepciones. Por ejemplo, cuando alguna meta que consideramos fundamental, está presente. Dicha meta aparecerá, en forma similar, a la asociativa o incluso a un trauma. Constantemente dicha meta aparece como punto de referencia.

Para no girar en torno a infinitas dinámicas, resumamos aquí las fundamentales: a) la pasiva y por default, b) activa, directiva y rememorativa, c) devenida de metas y d) devenida de traumas o secuencias desagradables.

No es indispensable que esto quede claro y perfectamente recortado. Tratamos de ordenar la confusión propia de nuestra consciencia; tarea que, por lo demás, nos excede. Las primeras dos devienen claramente de exigencias del mundo externo; el segundo dúo, es una mezcla extraña entre el mundo interno y el mundo externo.

Los cognitivos nos revelaron que, hasta cierto punto[47], podemos reestructurar las secuencias repetitivas y negativas. Naturalmente, es normal sentirnos mal de acuerdo a un suceso negativo. Pero no hay razón alguna para que mantengamos diez

---

[47] Dicho punto depende en esencia de la profundidad del trabajo de reestructuración, el cual, puede implicar una transformación realmente increíble.

años, treinta años o toda una vida, creencias que orientan nuestra consciencia a la oscuridad y al abismo.

La meditación nos permite ser conscientes de este campo energético y sus secuencias. Pero su fin, no es, curiosamente, ni modificarlo, ni controlarlo. Su fin es, observarlo, desde afuera. Esto activa, un tipo distinto de consciencia.

75

El yo que habla, el yo que observa

Al observar el campo energético, sin compasión ni apego, lo que vemos es la secuenciación estímulo-respuesta, sin ser, ni parte del estímulo, ni parte de la respuesta. Esta forma de acceso a nuestra mente, es radicalmente distinto a todo lo visto y sólo podemos especular sobre la causa de sus trascendentes resultados.

Si lo que observamos es la actividad del yo, ¿desde qué yo observamos? (Mañas, 2008). Es evidente que no es el yo que habla, sino uno que observa, aunque utilice sus ojos. Tampoco podemos afirmar que el que observa es uno de esos núcleos escindidos, digamos, que reproducen los traumas. Es un yo, en principio, sin apego ni deseo, (Kabat-Zinn, 2007). Sólo observa y desde ahí produce cambios.

Se sigue a esto, que es algo *similar* a un yo y algo *similar* a un observador, pero que no es mental, ni inconsciente. ¿No podríamos estar creando una especie de ego ficticio e imaginario? ¿No podría, este centro, ser un engaño? Está claro que especulamos de su existencia y que la observación directa, es posible. Si es un engaño, deja rastros en sus efectos.

Hay algo, sí, que se nos escapa. Asumimos que este yo estuvo siempre con nosotros, pero sólo es activado por la meditación o actividades similares. Lo que despierta, en esencia, no es este yo, sino el canal que lo une con el yo consciente. No es, algo nuevo. Su vinculación con la consciencia lo es; (Kabat-Zinn, 2013).

Este canal comunicativo, con algo más, se produce a través de la oscuridad. El negro mar de la consciencia, lo que llamamos inconsciente, es lo que deberá ser atravesado. En la meditación veremos desfilar, sin piedad, lo horroroso y lo bello, lo ridículo y lo trágico, lo siempre presente y la novedad. En este desfile, es natural que nuestro ego pueda temer, incluso por su vida. Y es que le negamos, sin piedad, toda identificación y apego, todo celo, toda rabia y duda. Pero este es el punto clave: la negación sólo es posible a través de la observación pura y directa. Sólo es posible trascender lo negado, aceptándolo. Observamos la rabia, pero no nos transformamos en ella. Dejamos que se mueva –por el cuerpo- la vemos hacer y decir, sin entregarnos a ella; finalmente se va y aparece otra cosa. La muerte de los ídolos, la caída de los fantasmas, la resignificación de los demonios, puede no ser una experiencia en absoluto grata. La meditación, no niega, no restringe, no reprime, nada, nunca. Este paisaje, no es como se observa, placentero. Nadie quiere, en el fondo, saber de su intrínseca horribilidad. Pero al unísono, ocurre un viaje aún más complejo: lo bello, lo bueno y lo deseable, también son parte del mar de la consciencia. Las imágenes benévolas, pueden estar ocultas en las profundidades, dirigiendo infinitas contradicciones en nuestra vida; lo más probable es que su envoltura encubra algo de signo maligno.

Muchos grupos de meditación logran su asombrosa popularidad, poniendo énfasis en fantasías angelicales.

En cualquier caso, sí y sólo sí, permanecemos, en el centro, observando, comenzarán a ocurrir cosas interesantes. El énfasis y lo importante, tampoco es lo interesante de lo que ocurra; es mantenerse en el centro.

76

Metapsicología cognitiva

La meditación implica un más allá de lo cognitivo (Simon, 2011, Campayo, 2008), lo que no sólo enlaza nuestra psicología con oriente [lo cual no es poco] sino que también lo hace con esa parte especial que hemos denominado metapsicología. Cumple con el rasgo fundamental de toda teoría profunda; el yo no es el aspecto central. Nuestro modelo, hasta aquí expuesto, encaja sin dificultad con el propuesto implícito, en el mindfulness.

El *ego* es el resultado práctico de las corrientes internas y externas, de sus conflictos y de sus misterios.

El *alter*, son las fuentes más profundas de información; aquí es cuando cosas realmente interesantes suceden mientras uno medita.

Pero es el canal de apertura entre el ego y a través del alter, lo que nos interesa. Se llega así a una conexión con el centro, *selbst*. Por eso podemos afirmar que la meditación abre canales hacia nuestras profundas reservas interiores de creatividad, inteligencia, imaginación, claridad, determinación, discernimiento y sabiduría, (Kabat-Zin, 1995, p. 27).

SEXTA PARTE:

PSICOLOGÍA ORIENTAL

11. BUDA

77

El primer despertar

Aferrarse a la ilusión produce dolor [dukkha[48]]. Sufrimos porque estamos atrapados, desde el nacimiento, en la ilusión. Al despertar comprendemos que *el sufrimiento es opcional, pero no así el dolor.*

Tanto lo que amamos, como lo que aborrecemos, dice Buda (2004), es causa de dolor, (p. 90).

Nos aferramos a la ilusión, porque cualquier ilusión, promete una cura para el dolor. La cantidad de objetos, materiales e inmateriales que prometen tal liberación, resulta inconmensurable, y entre ellas, la psicología. No hay que dejar de señalar que mucha gente, sufre, en la imposibilidad de conseguir esos objetos.

La ilusión implica un ciclo perpetuo de encuentro y desencuentro. El objeto

---

[48] En pali Dukkha, en sánscrito, duhkha. Se suele traducir como sufrimiento, pero también incluye la imperfección, la impermanencia, la vacuidad, la insustancialidad, el conflicto y lo condicionado.

aparece, se muestra, despertando nuestro deseo. Luego de mostrarse, se esconde, obligándonos a buscarle. Pero una vez conseguido y luego de un tiempo, pierde todo brillo y todo valor. Este ciclo volverá a repetirse, como si nunca hubiera ocurrido, con un *nuevo* objeto.

El dolor, en tanto, se muestra como constante e inevitable. Tener el objeto de deseo es doloroso [miedo]. Perderlo, también es doloroso [tristeza].

El primer despertar implica la consciencia de que esto es así por la *condición humana*. El dolor, *es inevitable*. Pero en este despertar se revela lo siguiente: el sufrimiento, es opcional. El dolor y el temor (Buda, 2004) dejan de existir para aquellos que logran liberarse de las pasiones, (p. 91).

Karma

El primer despertar deviene del enfrentamiento con el sufrimiento observable en el mundo. Podemos marcar un segundo momento a partir de la comprensión del karma. Todo tiene su causa. El origen del karma, es la ignorancia (Buda, 2002, p. 46). Asimismo, toda causa puede ser destruida[49], (Buda, 2002, pp. 52-53). Toda actividad voluntaria [consciente o inconsciente] genera karma. El karma, será, en cada caso y dependiendo del tipo de emanación, *positivo* o *negativo*.

Cualquier respuesta emitida, ya sea en el ámbito de la acción, del pensamiento o el sentimiento, generará un simétrico efecto. El efecto, se hará manifiesto en distintos plazos.

No discutiremos aquí sobre la idea metafísica que implica al concepto de karma; no es ese el punto central. Tampoco se corresponde a un sistema premio-castigo; el budismo *no supone* una intervención divina que hará justicia.

---

[49] Destrucción como la cesación.

La comprensión del karma implica que todo se encuentra irremediablemente relacionado. Somos parte de un todo y desde esta totalidad, lo que hacemos a los otros, lo recibimos. El aparente efecto, no es más que uno mismo actuando consigo mismo.

Por otra parte, el karma podrá extenderse a otros renacimientos. El budismo, como es sabido, postula que la vida es algo que no cesa de renacer. Si observamos esto sin emitir un precipitado juicio [prejuicio] veremos que todo en la filosofía budista está hecho de una impecable simetría. Así como hemos vivido, volvemos a nacer. Está claro que esta idea excede nuestras posibilidades científicas. Pero no es necesario aferrarse a nada, dice Buda.

79

El Genio y la Bruja

Pero lo que nos aferra tanto al dolor como al karma, es el *apego*[50]. Y el apego es propiamente, la clave y lo que subyace a los ciclos kármicos y las encarnaciones. Es lo que nos ata y es esa atadura, lo que genera repetición. En oriente, el apego se traduce de *upadana* [sánscrito, pali]. Explica propiamente un aferramiento, pero con la connotación de que dicho aferramiento o apego, es *el nexo a lo que produce dolor*. Propiamente, su etimología lo reduce a un combustible, lo que consume. El apego es lo que nos ata, no sólo a los sentidos, al poder o la ambición, sino fundamentalmente a lo material y específicamente a la materia. Esto es lo que desata incluso las nuevas encarnaciones.

Retomemos aquí la hipótesis de Descartes de la posible existencia de un Genio Maligno. Dividiremos, a este genio,

---

[50] Apego como avidez y sed de deseos sensoriales, de existencia y continuidad, pero también de aniquilación [vibhavatanaha]. Esta avidez, tiene la falsa idea de yo como centro. Es una fuerza enorme que impulsa la totalidad de la existencia. Este deseo —el apego- es causa de la existencia y de la continuidad del ser [ciclos de renacimientos].

en dos mitades[51]. A la primera, le llamaremos *Ilusionista* y al segundo, propiamente, el *Genio Maligno*.

Ilusionista. Este genio, trabaja con los sentidos y el principio de realidad. Nos dice, no hay nada más allá de los sentidos y la realidad, por tanto, *satisface tus sentidos*. El Ilusionista nos abre un camino, repetitivo y monótono a través del placer y las sensaciones. Buda llama a esto el *señuelo de la muerte*, (2002, p. 96).

Nos habla, en la noche y en el día, de las maravillas que colmarán nuestros sentidos. Vez tras vez, nos promete, que el nuevo objeto, será el definitivo. Una vez conquistado, nos sentiremos, por fin, completos y en paz. Viviremos así, desilusión tras desilusión, hasta la última consecuencia [muerte].

El Ilusionista, es un genio esquivo, pero está en todos, en todo momento. De vez en cuando, sospechamos de su presencia, pero nos evade. Siempre terminamos, por caer presos de ese perfume de lo "nuevo", de lo "último" y

---

[51] En esta metáfora, están incluidas las 10 ataduras o samyojanas: ilusión de ser un yo separado de los demás seres, la duda, la indulgencia en actos equivocados, deseo por los objetos de los sentidos, malas intenciones, deseo de existir en los mundos de la forma, deseo de existir en los mundos carentes de forma, orgullo, inquietud mental, ignorancia.

de la base en la que se esconde: la realidad material. Si ninguno de sus engaños hedonistas llegara a funcionar con nosotros, nos hará cautos y temerosos. Acumularemos casas, autos y más cosas inútiles, no tanto por placer, sino por el miedo a lo impredecible del mundo.

Ilusionista es muy flexible. Siempre tiene nuevos trucos, adaptándose a nuestras posibilidades; soñaremos como mendigos o reyes, pero es la implantación del sueño lo que no podemos cuestionar. La mayoría de la humanidad, vive en razón de este genio.

Genio Maligno. Pero existe un porcentaje menor, sujeta al hermano oscuro del primero. Este genio, utilizará los mismos métodos del anterior, pero a niveles adictivos. Nos prometerá, no la completud que nos suele brindar el consumo, sino el poder. Nos llevará a que cualquier fin, justifique cualquier medio. Este genio es el padre de la degeneración, la perversión, la ambición desmedida, pero también del engaño, la traición, la violación [en sentido amplio]. Este genio, claro está, también nos mantiene en el engaño, pero en forma secuencial adictiva.

Ambos genios, tienen su origen en la materia y lo propiamente biológico del ser humano.

Ahora bien, postularemos un tercer genio, lo cual traducirá una novedad interesante. En este caso, cambiaremos el género: una Bruja.

La Bruja[52]. La bruja opera en el ámbito de lo afectivo e implicaría, lo que en occidente, en modo restrictivo, llamamos *apego*. Pero también formularía habladurías, traiciones, celos y envidias. La Bruja, es aún más sutil que el Ilusionista y el Genio. Su forma de operar, es suspicaz y seductora. Puede transformarse en Maligna, claro. Si la bruja se transforma en Maligna, tendrá la voluntad de poder del Genio Maligno; será capaz de matar, engañar y, en suma, hacer lo que sea, pero *por amor* [apego].

Resulta curioso este planteo de brujos, genios e ilusionistas: parecen alejarse radicalmente del budismo y de la realidad. Estas entidades, trabajan en el ámbito de la semiconsciencia. No son, ni propiamente inconscientes, porque

---

[52] Mara: personificación del mal y del error. En esta metáfora, están implicadas las 10 huestes de Mara: deseo por los placeres materiales, aversión por la vida de santidad, el hambre y la sed con sus consecuencias, el deseo, la ignorancia y la apatía, el temor, la duda, la obstinación, la búsqueda de ganancias materiales, alabanzas, honores y fama obtenida por malos medios y diez, el engrandecimiento de uno mismo y el menosprecio de los demás.

pertenecen a la consciencia colectiva, ni tampoco conscientes, porque aunque los reconozcamos, nos resulta difícil saber su origen. Están, por una parte, completamente afuera de nosotros y por otra, nos poseen completamente. Cualquier humano, sabe de estas entidades. Las entidades, trabajan con ideas. El núcleo de las Ideas, es, en general, inconsciente. La parte observable de una Idea, de cualquier idea, es un pensamiento. El pensamiento, no es nada sin energía, esto es, emoción. Los ciclos reverberantes de estos pensamientos, nos dominan, en forma abierta y discreta en Occidente, y en forma velada y discreta en Oriente.

Para Buda, trabajar con nuestra mente y en particular con nuestros pensamientos, resulta uno de los puntos clave en el camino hacia la liberación del apego. Este es el comienzo del camino.

80

Fortaleza Interna

Buda (2004) propone la creación de una fortificación entre la frontera del mundo interno y el externo. "Como si fueses una ciudad fronteriza, custodiada tanto interior como exteriormente, así debes cuidar de ti mismo, p. 122". A nivel externo, deberán cuidarse las palabras y acciones, y a nivel interno, el control de la mente implicará una rigurosa disciplina, siendo este, el aspecto central y clave en todo el trabajo a realizar. La mente si es controlada resulta el mayor de los bienes, pero descontrolada, opera como el mayor de los males, (p. 22).

En efecto, afirma Buda (2004):

> El daño que un enemigo puede causarle a otro, o el que pueden hacerse dos personas que se odian es muy grande, pero es pequeño comparado con el daño que puedes hacerte a ti mismo si tu mente está mal direccionada, p. 33.

Simétricamente:

> El bien que un padre, una madre y los amigos pueden hacer es muy grande, pero es pequeño comparado con el bien que puedes hacerte a ti

mismo si tu mente está bien direccionada, (p. 34).

Adentrémonos en la mente que describe Buda. La define como vacilante, inquieta, inestable, difícil de sujetar, difícil de controlar (2004, p. 30) y agrega que es dispersa, vagabunda, incorpórea (p. 31). E insiste: vaga de un lado a otro, (p. 126), sigue sus erráticos pensamientos (p. 126), sigue sus erráticas motivaciones, (p. 126). Pero volvemos al punto, nos dice que debemos: permanecer atentos a sus movimientos, (pp. 126-127, p. 145). Es decir, volvemos al guardián de esta fortaleza. Pero si el enemigo a tratar, habita en nosotros, pero no sólo eso, sino que es esquivo (p. 31) como pocos, hábil, sutil, invisible, ¿cómo podemos hacerle frente?

Observemos, antes de intentar "solucionar". Si hemos despertado, tenemos claro, o comenzamos a tener claro, qué hacer, hacia dónde dirigirnos. Pero el mundo de Mara [Ilusión] nos puede hacer caer en error. El error o mal budista, [pâpa] es el desvío de nuestra meta. La Ilusión, nos promete alivio del sufrimiento [dukkha] pero es este alivio, que podrá ser momentáneo, el que nos volverá al punto de inicio. Esta ilusión, al activar el apego de la mente, puede ser corrompida por los tres venenos: Moha,

Lobha y Dosa[53]. Estos tres venenos, arraigados en el apego, pueden degenerar en el olvido final.

Esto es, el olvido del reino espiritual; el volver a dormir; Antaka, es uno de los nombres de la muerte. Esta muerte, no es física. Es una caída en el sueño, el delirio y la ignorancia. Así es como se olvida a Buda y toda posibilidad de libertad.

---

[53] Moha: ignorancia, ilusión o delirio. Se representa con un cerdo. Lobha: anhelo, aferramiento, avaricia. Se simboliza con un gallo. Dosa: aversión, ira, odio. Se representa con una serpiente. Estos tres venenos, se asientan en el apego a través de la ignorancia. Representarlos como virus, no sería del todo inadecuado.

81

Noble Óctuple Camino

El Noble Óctuple Camino es lo que elimina el apego y por ende, el sufrimiento derivado. Podemos dividir a este sendero de la siguiente forma: 1. la búsqueda de la sabiduría [visión o comprensión correcta y pensamiento correcto], 2. el entrenamiento mental [esfuerzo, consciencia y meditación] y 3. conducta ética [hablar, actuar y medio de vida]. El que ha despertado al origen del dolor y al karma, puede pasar a la liberación que implica este sendero.

Es inevitable pensar que esta liberación implicará un esfuerzo sobrehumano. Que sólo los convertidos en monjes, ermitaños y ascetas, logran acercarse a esta hazaña. Pero no es así. Debemos entender algo, muy simple.

El mundo descripto en el capítulo III, poblado de genios, brujas e ilusionistas, es el mundo material, al que por fuerza, estamos sometidos. La simple idea de que existe una alternativa a esta cotidianeidad, rutina y vacío de dukkha, abre otra puerta, en otro lugar. Este es, propiamente, el aspecto espiritual. El budismo, carece de misticismo y magia, en la medida que reconoce a eso como obras de *ilusionistas*. Es, como sabemos, una religión no teísta. Es evidente que como occidentales, plantearemos nuestras serias sospechas ante la idea de religión. Pero que no tenga dioses, ni dogmas absolutos, abre cierta posibilidad al pensar e incluso a la ciencia. Buda mismo insta a no creer en nada de lo que dice, si no lo sometemos a prueba. En este sentido, cualquiera puede poner a prueba el Óctuple Sendero, sin necesidad de convertirse en monje o ermitaño. Observaremos, a continuación, que este sendero no resulta incompatible con ninguna creencia [o ausencia de la misma] o ciencia o filosofía; en efecto, este es el primer elemento.

LA SABIDURÍA [panna]. El Buda llama a que busquemos la sabiduría. En términos simples, cada día, aprende más, vuélvete más sabio. El primer elemento de la sabiduría es la visión o comprensión correcta, esto es, ser capaz no sólo de ver, sino de comprender lo que se ve. Si concebimos la vista como un instrumento que ilumina (vuelve consciente) la realidad, la misma, si carece de apego y ambición, será comprensiva. Por otro lado, el segundo elemento de la sabiduría es el pensamiento correcto o la disposición correcta del pensamiento. Esto quiere decir que cada pensamiento, debe ser trabajado a consciencia del apego y el karma. El pensar, para el budismo, es acción, es decir, produce karma. Si no se trabaja el pensar, se producirá karma negativo.

LA ÉTICA [sila]. En este caso, se trata de tres principios éticos muy básicos y relativamente universales. En primer lugar, tenemos al hablar correcto, esto es, ser capaces de no hacer daño con nuestras palabras. Si las mismas, están guiadas por la ambición y el apego, producirán un karma negativo, lo cual, a su vez, generará un malestar en el otro, lo cual, probablemente, le llevará a generar más karma negativo con un tercero. Este pequeño ciclo de heridos-hiriendo, puede hacerse tan pesado y grande, que cada vez que uno abre la boca pensando en lastimar, debería ser consciente que su acción generará efectos. En segundo lugar nos encontramos con la acción correcta, esto es y bajo los mismos principios, actuar de tal manera de no generar o acrecentar el karma negativo en el mundo. Finalmente nos encontramos con el modo de vida correcto, esto es, ganarnos la vida, en forma honrada, sin generar en forma abierta o encubierta, daño y destrucción.

ENTRENAMIENTO DE LA MENTE [samadhi]. Tenemos tres elementos en el ámbito de la acción y cinco en el de la mente. La mente es, por fuerza, el factor primordial a trabajar por el budismo. Ninguno de estos ocho elementos están separados entre sí, por el contrario, son complementarios y deben trabajarse en simultáneo. El primer elemento de entrenamiento de la mente es el esfuerzo, esto es, la voluntad de trabajo. El esfuerzo correcto implica la liberación del apego. El segundo elemento, es el estar presente, esto quiere decir, salir del mundo del Ilusionista, del Genio y de la Bruja. La forma, más efectiva de salir, es ser consciente del momento presente, momento a momento. El tercer y último elemento, es lo que en occidente conocemos como meditación, la concentración correcta. Aquí, se trata de un trabajo deliberado en no apegarse a las imágenes mentales, pero al mismo tiempo, no luchar contra el apego.

82

El tercer despertar

El tercer estadío del despertar, es la propia iluminación, el Nirvana, la consecución del estado de Buda. Sidarta Gautama, fue el hombre que emprendió este camino. Hijo de un rey, descubrió a los 26 años que ni toda su fortuna, podría librarlo del dolor, de la vejez y de la muerte. Renunció a sus riquezas e inició su búsqueda. Cuatro años después la consiguió, dejándonos un legado espiritual asombroso.

Es difícil posicionarse desde la ciencia para intentar comprender a Buda. Nos regaló, unas enseñanzas de compasión y amor, de verdad y sabiduría, las cuales, trascienden a cualquier epistemología. Buda vino a decirnos, lo que otros grandes avatares: que la espiritualidad está abierta a todo el mundo. Que basta con un poco de práctica. Que lo importante es el amor. Y que debemos trabajar, antes que nada, en nosotros mismos. Ahí está la mayor victoria.

Lo que nos lleva a crear mitos y adornos en la vida de alguien, es el misterio generado en torno a lo que esa persona fue. Buda fue un hombre que despertó. Y compartió su camino con el resto. Nos seguirá pareciendo un mito, un sobrehumano, mientras no practiquemos sus enseñanzas. Las dejó ahí, al alcance de todos.

Puente Occidente-Oriente

No sorprende que en Occidente el budismo, haya calado profundo. El movimiento cultural estadounidense de fines de los sesenta, abrió las puertas a nuevas ideas espirituales. Los ritos, el intelectualismo y el vacío de las religiones Occidentales, encontraron agua fresca y nueva en Oriente. Está claro que las drogas, los recitales y el sexo libre complementaron estas ideas de amor y compasión, de respeto a la vida, a la diversidad y engendraron la idea [muy cara a las religiones tradicionales] de que lo espiritual no es algo en lo que se necesite mediación de *nadie*. Lo superfluo de este movimiento, terminó por colapsar sobre sí mismo, mientras que estas ideas terminaron por instalarse en forma cada vez más completa.

Kabat Zinn, por ejemplo, perteneció al movimiento hippie y terminó por fundar el mindfulness. Esto es, introdujo la parte práctica del budismo a la medicina y a la psicología.

Asimismo, no debe extrañarnos que uno de los mayores exponentes de la cultura Occidental, reconociera a lo largo de su vida la fuerte influencia que tuvo el movimiento hippie y la espiritualidad oriental. Steve Jobs (2013) en una entrevista de 1995 define con gran entendimiento este puente. El entrevistador, en efecto, le pregunta por qué se considera hippie a lo que Jobs responde sobre la esencia del movimiento. No el *por qué*, sino el *qué* es ser hippie.

> Es una palabra muy vieja. Tiene muchas connotaciones. [...] Para mí, la chispa de eso era que había algo más que lo que tú ves todos los días. Hay algo, ocurriendo aquí en la vida más allá de un trabajo y una familia, y dos autos en el garaje y una carrera... hay algo más ocurriendo. Es la otra cara de la moneda, de lo que no hablamos mucho. Sólo lo vemos cuando nos quebramos... Cuando todo no está ordenado y perfecto, y aparece una brecha. Experimentas esta irrupción de algo. Y mucha gente a lo largo de la historia ha intentado averiguar qué era eso. [...] Y el movimiento hippie recibió un poco de eso y quisieron averiguar de qué se trataba. Y que la vida no era lo que vieron a sus padres hacer. Y claro, el péndulo osciló demasiado lejos al otro lado y era una locura... pero había una raíz de algo ahí.

Lo que perdió la espiritualidad de Occidente, la conserva el Oriente. En última instancia, se trata de comprender

que hay algo por detrás, que esto no es
todo. Agrega Jobs:

> Es lo mismo que causa que las
> personas quieran ser poetas en vez
> de banqueros. ¿Sabes? Y eso es algo
> maravilloso.

Buda y el MMI

Repasaremos en este último capítulo, las ideas budistas sobre la mente en torno a la construcción de nuestro modelo. Podríamos generar una idea muy aproximada de la mente, considerando al ego, como lo externo. Luego vendrían las formaciones mentales, más profundas, generadas por el apego y generadoras de karma. Existiría un tercer elemento, el cual sería el Buda en sí mismo.

ESQUEMA BUDA

Son pocas las modificaciones que haríamos a dicho modelo. En esencia, coincide con el nuestro. El problema más complejo, es el centro, el estado de *despierto*. Es una idea oscura en tanto emerge como algo nuevo o se estructura en base a algo ya dado. Si se nace Buda, cada humano está en condiciones de alcanzar el estado de despierto. Si un Buda se hace, el estado de despierto aparece por el trabajo y el esfuerzo. Es decir, podríamos graficar dicha idea con la mente humana, únicamente con ego y formaciones mentales, pero no con un centro.

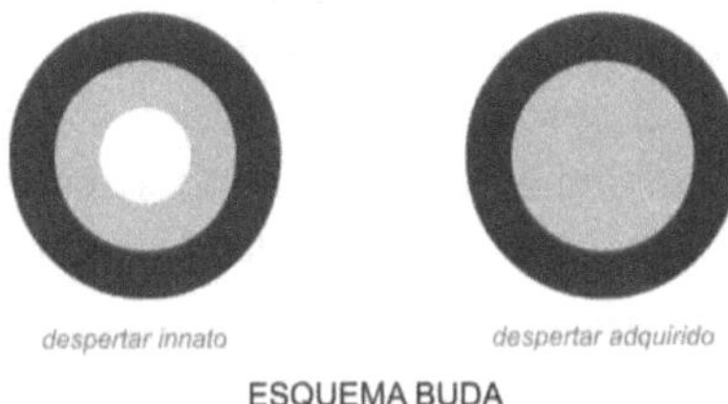

En este sentido, también cada ser humano está en condiciones de formar en su interior al Buda. En cualquier caso, hay trabajo por hacer, pero es distinto el origen del Buda.

Si a través de la meditación [Kabat Zinn], de la aceptación incondicional [Rogers] y de la razón [Ellis] podemos acceder a ese centro, el cual nosotros llamamos *selbst*, podemos retomar el concepto de "despertar" del budismo como una forma de acceso a esta posición. ¿Qué tanto puede influenciar esto en una terapia? ¿Sería ese, el fin último de la misma? En principio, no. La gente busca terapia por aspectos pragmáticos, es decir, para "resolver problemas". Tenemos derecho o forma a "despertar" a otro. No lo tenemos, porque es imposible "despertar". Ni Rogers, ni Ellis, ni Kabat Zinn tienen esta finalidad, que si se logra, por decantación, corresponde al individuo el decidir qué hacer con "eso". Digo "eso", porque no es del todo claro qué es lo que despierta. Si esto estaba de antes (y por eso despierta) o es creado. Lamentablemente, volvemos a ofrecer más preguntas que respuestas. Continuemos con la gráfica.

Buda, es el equivalente a lo que hemos identificado con el selbst, es decir, con esa consciencia inconsciente. Las formaciones mentales, formadas a partir del apego, están en relación a nuestro alter. Sólo conocemos los efectos de estas formaciones, es decir, sólo observamos los pensamientos y emociones conscientes de las mismas.

12. LAO TSE

85

Ontología Taoísta

Una gota cae en el océano. La brisa mueve las hojas en los árboles. Las estrellas en la noche del desierto. Los caminos en los bosques. La sucesión de las estaciones, los días y las noches. Las muchedumbres ante los dioses. El arte. La historia que todavía no podemos descifrar. El amanecer reflejado en las cimas blancas. El dolor, el miedo y las guerras. Las heridas y quienes luchan por sanarlas. La música y su designio del tiempo. Los libros de historia. La ciencia. La técnica. Las infinitas pantallas que nos acechan. Las ciudades lúgubres, iluminadas, inmensas. La tierra colgando en el vacío y sus animales que no nos entienden. Los planetas, el cosmos, lo infinito. Y el amor, que nos redime.

Las diez mil cosas [萬物 Wan Wu] es una expresión china para expresar *todo cuanto existe*. Todo cuanto existe, devino del tres. El tres, devino del dos. Y el dos, devino del uno. El uno, es el Tao, (Lao Tse, 1992, 2008).

Lao Tse nos advierte que el Tao que puede nombrarse, no es el verdadero Tao, (2008). Esto no quiere decir que el Tao resulte comprensible sólo por vías irracionales. El Tao, lo que se puede captar del mismo, es una petrificación de algo móvil. Reteniéndolo en el lenguaje, sólo queda lo que fue.

Si nos forzamos a conceptualizarlo, diremos que es lo absoluto, la última respuesta, lo que rige al cielo y la tierra. Es, según Lao Tse, más antiguo que los dioses, (Lao Tse, 1990, p. 36).

86

Los principios fundamentales

Los dos principios fundamentales, a través del cual el Tao se manifiesta, son dos fuerzas en equilibrio [o desequilibrio] que todo lo llenan. Un maestro taoísta, que ha estudiado con detenimiento el desarrollo y desenvolvimiento de estas fuerzas, es capaz de ver la energía, pura y simple, tal como se manifiesta en el momento.

La fuerza yang [陽], masculina, clara y seca, es la parte activa, creativa.

La fuerza yin [陰], femenina, oscura y húmeda, es la parte pasiva, capaz de engendrar.

Yin y yang son inseparables y su ritmo es la alternancia (Chevalier, 1986, pp. 1079-1081).

La fuerza yang, al unirse con la yin, son capaces de generar las *diez mil cosas*. El I-Ching (2002), describe con asombrosa precisión el ciclo desde la unión yin-yang, hasta el hexagrama 64, *Antes de la Consumación*, lo que marca el fin de una etapa, pero el inminente inicio de otra:

Por otro lado, tenemos un complejo sistema científico [oriental] detallado en el capítulo 55 del Hua Hu Ching (Lao Tse, 1992). Allí se nombran 17 estudios o formas de comprensión del mundo con una base taoísta. Pero de todos estos métodos, el mejor para el principiante, dice Lao Tse, es el estudio del I-Ching, ya que posibilita desentrañar las influencias ocultas en cada situación, para así, restablecer la armonía, (p. 70).

Puede ser difícil comprender la magnitud y complejidad de este desarrollo. Pero de acuerdo a Lao Tse (1990), debemos emprender lo difícil cuando aún es fácil, (p. 193). El taoísta busca la naturalidad, tanto en sus movimientos, como en pensamientos y acciones. Esto es un continuo no-esfuerzo. Se trabaja, en suma, siempre con el principio yin, ya que lo débil, siempre termina por doblegar a lo fuerte, (1990, p. 236).

En el capítulo XXV Lao Tse (1990) habla de las leyes naturales [cuatro grandes]:

El hombre sigue la ley de la Tierra
la Tierra sigue la ley del Cielo
el Cielo sigue la ley del Tao
y el Tao sigue su propia ley, p. 92.

Podemos seguir, indistintamente, cualquiera de las leyes, incluso las corruptas leyes humanas, pero un hombre verdaderamente sabio, intentaría seguir la ley del Tao. Esto le otorga una posición de privilegio. A diferencia de otras filosofías espirituales, el taoísmo, no presenta preceptos, valores morales o dogmas infranqueables. Formula la idea en el concepto del *wu wei*, esto es, *dejar ser* [let it be]. No hay imposiciones, ni luchas. Sin dogmas, quien busca la verdad, tal vez no la encuentre, pero estará más cerca de hacerlo.

87

Introducción de la Luna

El reino de los hombres se rige por el sol y su tiempo, pero los sabios, han buscado en la luna la revelación de todos los misterios. El conocimiento acumulativo, se contrapone a esta clase de saber, olvidada en el pasado, en lo primitivo, pero que hoy necesariamente vuelve a luz. Y si bien aún no somos capaces de enfrentarlo, es preciso exponerlo. Hemos olvidado el misterio, la sabiduría y la luna. Lao Tse y el taoísmo, atienden esta línea, la cual resulta tan novedosa como inquietante. Occidente se ha desarrollado en torno a la maquinaria yang, lo masculino, el sol y el progreso. Ha reusado ver en la oscuridad ya que le guarda un incierto, pero profundo terror; es imposible mantener el control racional en la oscuridad.

En cierto sentido, el temor a la oscuridad es comprensible, pero que sea entendible, no justifica el recelo. Este temor nos ha ocultado esta *otra* parte del conocimiento. Cuando Freud (1991k) llama a lo femenino el continente oscuro [the dark continent] lo realiza desde una verdadera incapacidad de comprensión. Freud es presa de su propia masculinidad o, mejor expresado, de su mentalidad [occidental] yang. Por eso no sorprende que sus ideas de lo inconsciente [lo oscuro] sean tan negativas. A lo inconsciente, el yo y su cultura, es algo a lo que se le debe ganar, milímetro a milímetro, terreno.

Es por eso mismo que también termina por equiparar la vida misma con lo masculino [pulsiones de vida] y a la muerte [pulsiones de muerte] en forma vedada, con lo femenino[54]. Al yin. A la luna.

Este largo desvío de Lao Tse resulta absolutamente necesario. En la medida que sigamos siendo incapaces de comprender que hemos perdido, al menos, la mitad del conocimiento por esta terca, pero funcional obstinación con el progreso, seguiremos dando pasos hacia las inevitables catástrofes, esto es, la oscuridad, esto es, de lo que precisamente el progreso [Occidente] intenta alejarse.

El yin, debe entenderse, es *otro* tipo de energía. El error, simétrico y opuesto, sería pasar a la otra vereda, negando lo que ha sido.

---

[54] Por eso, también interpreta el nirvana, como muerte.

El yin no es algo opuesto al yang, sino su complemento. Todo cuanto observamos, está compuesto de yin y yang. El humano en particular no es la excepción. Lo masculino no siempre será yang y viceversa lo femenino con el yin. Existen siempre aspectos más o menos yang o yin. Si algo tiene la energía humana es un desequilibrio radical y constante. Si pudiéramos observarla directamente, veríamos una inestable e impredecible fluctuación. Sólo en el ámbito de la consciencia, los pensamientos de cualquier humano, oscilarían en un mismo instante, entre yin-yang y viceversa. Estas repetitivas aclaraciones giran en torno a que tanto yin como yang no son algo determinado por la cultura. Todo lo que entendemos por masculino y femenino, es relativo a esta energía primordial.

Desde el taoísmo, la *razón* y la *voluntad*, son elementos yang, masculinos. Por otro lado, la *intuición* y el *sentir* (incluyendo la sensación) son aspectos femeninos. Estos cuatro elementos son tanto activos y creativos, como pasivos y receptivos. En el aspecto yang de cada uno, puede observarse el yin y viceversa.

Razón y voluntad imperan en nuestro mundo a puntos que parecen ser los únicos aspectos psíquicos relevantes.

Como cada vez que se construye un Imperio, el mismo, si no logra evolucionar distribuyendo su poder, aparece el estancamiento. Será en un breve lapso donde el mismo, encontrará su fin. Todo Imperio, termina por ser incapaz de manejar una energía que se acumula y muere por su propia espada [técnicamente: todos podríamos morir por la espada nuclear o la destrucción efectiva de la superficie del planeta].

El siglo XX en Occidente fue el siglo de lo Inconsciente, es cierto, pero al ser un inconsciente fundamentalmente incomprendido, el mismo se transformó en una suerte de déspota que nos determinaba y controlaba a puntos inverosímiles. Desde el Imperio de la razón y la voluntad, la razón y la voluntad, pasaron a ser meras apariencias [en teoría]. Pero al ser lo único que había para sostenerse, la única isla en un océano de oscuridad, este Imperio, saqueado y en ruinas, resultó el único refugio. El único refugio frente a un inconsciente oscuro y déspota.

Está claro que China y los países geográficamente orientales, son hoy, *radicalmente occidentales*. No obstante, guardan un germen cultural distinto. Diferente porque su espiritualidad se construyó en torno a la luna. Lo mismo podemos decir de América; de varias, no todas, culturas precolombinas.

El Imperio oculto, esto es, la intuición y el sentir [sensación-emoción-sentimiento-intuición], ha sobrevivido, pero su misterio permanece intacto. El movimiento contracultura, como el new age, devenido de la revolución hippie, intentó construir un conocimiento alternativo. Pero está claro que sin razón ni voluntad [o una extremadamente deficitaria] sus resultados fueron pobres. No es extraño que hoy dichas manifestaciones, sean punto de burla y ridículo.

La luna, sin el sol, no es nada más que un frío cristal. El sol, sin la luna, sólo alumbra la superficie. Si seguimos descuidando los polos, por la unilateralidad del pensar, tropezaremos, insistentemente, con la misma roca.

88

El llamado del Cielo

El Cielo, según Lao Tse, realiza un extraño llamado hacia los hombres. Cualquier llamado, incluye un mensaje y, eventualmente, habrá una respuesta a ese mensaje. Esto es, una secuencia simple. Como hemos llegado demasiado tarde al mundo de los dioses, empezaremos a trabajar en esta incapacidad de dar respuesta.

La respuesta, puede ser nula, en principio, por dos razones: el mensaje no fue oído o fue malinterpretado. La razón fundamental para que el mensaje pase desapercibido, no puede aplicarse al emisor, ni al mensaje. Resulta, un problema del receptor. Invariablemente, el problema del receptor consistirá en estar ocupado *en otras cosas*. Algo similar, ocurrirá si dicho mensaje es malinterpretado. En este caso, el receptor escucha el mensaje, pero entiende algo distinto a la intención del emisor. De nuevo, no podemos responsabilizar de esto a los dioses. La distorsión, no está, ni puede estar, ni en el mensaje, ni en el canal. La distorsión surgirá de la preexistencia de prejuicios o ideas.

Si quisiéramos escuchar el mensaje, por un lado, tendríamos que ejercer la clarificación y, por el otro, la no-acción.

En el capítulo LXVII es donde Lao Tse nos habla de este mensaje, (1898, pp. 253-256). El mensaje, consiste en *amor*[55]. *El Cielo*, dice, *cuando decide salvar a alguien, le envía amor*. Hemos aclarado antes que existen dos posibilidades frente al mensaje: no es escuchado o es malinterpretado. Como hablamos del mismo, ahora, lo peor que podríamos hacer es no-entender. Este no-entender qué significa que el Cielo nos envíe amor, puede ramificarse en tres vertientes. El primer error, podría provenir de un prejuicio romántico [en sentido vulgar] y ver en esto una mera alegoría o elaboración poética que, o bien no significa nada, o que bien, nos promete un encuentro con otro –siendo esto lo que nos salvaría. Descartamos esta interpretación. El segundo prejuicio, sería entender esta idea en tono místico: el Cielo nos salva a través del milagro del amor. Esta idea, resulta también inaceptable. El tercer error, sería interpretar esto como algo externo, es decir, como que el amor, de

---

[55] En la traducción citada 愛 es traducido como *compassion*, pero la traducción más adecuada –y aceptada actualmente es *love*. Los tres tesoros, son para Lao Tse: amor, frugalidad y humildad (Lao Tse, 1990). [Traducción de Richard Willhem].

alguna forma, se manifestará afuera. Este prejuicio, implica a los dos anteriores, siendo su base. Antes de pasar al concepto clave [amor] analicemos lo que antecede: la idea de *salvación*. En efecto, el Cielo nos salva enviando amor. En chino, crisis, 危机, también significa *oportunidad*. Wei Ji es una composición de dos palabras. La primera Wei, oscuridad o peligro y la segunda, Ji, oportunidad. El Cielo salva con amor, nos remite a que el amor es lo que surge en medio de la crisis. En efecto, es en los momentos más oscuros[56] de la vida donde suelen aparecer las revelaciones más importantes. Esto es, en esencia, algo muy simple: cuando en medio de la oscuridad, no vemos nada, algo, [interno] se ilumina. Y de pronto *sabemos*. Este es el amor que salva. Es curioso pensar que incluso hoy, se manifiesta.

Pero este amor, también le es otorgado, dice Lao Tse, a quienes envían amor. Esto es, quienes buscan, a través del no-hacer [wu wei, 無為].

Si constantemente hacemos, es imposible escuchar este mensaje. El taoísmo, nos remite una vez más a la meditación, como forma por excelencia

---

[56] Revisar el concepto junguiano de metanoia.

del no-hacer. Es así como finalizamos el análisis del mensaje celestial del Tao.

> Pretender tener coraje sin amor
> ser generoso sin frugalidad
> guiar a los hombres sin humildad
> eso es marchar hacia la muerte,
> (Lao Tse, 1990, p. 206).

89

La desintegración del ego

Mientras que Occidente ha luchado por la preservación del yo, Oriente en general, ha elaborado complejos procedimientos para desintegrarlo sistemáticamente. El ego, no es más que un impostor, según Lao Tse. Este impostor, divide y se adhiere a lo dividido.

El ego, es el resultado de las distorsiones culturales, acumuladas por generaciones. Estas distorsiones generan un sistema altamente sofisticado y selectivo. A esto llamamos, *razón*. De esta forma, se crearán sistemas filosóficos e ideológicos, basados en la distorsión fundamental: la división. Por eso, Lao Tse (1992) dice disuelve toda dualidad, (p. 9, p. 17, p. 18, p. 21, 29, 90). Conecta tu mente con el origen sutil (p. 7) y libérate del apego, (p. 18).

> ¿Puedes abandonar palabras e ideas, actitudes y expectativas? En este caso, el Tao surgirá a la vista. ¿Puedes permanecer en calma y mirar dentro? En este caso, verás que la verdad está siempre disponible, siempre sensible, (p. 36).

La división, no obedece a la razón sino al apego. El apego, (p. 18) es lo que genera distinciones en base a lo que desea unirse. Desea esto, pero aborrece aquello. Se inclina ante dioses que cree verdaderos, pero rechaza los cultos ajenos, (p. 20). Colecciona ideologías, creencias a las que le dedica todo su esfuerzo, propósito y energía. Esto genera desconcierto, (p. 38). Sueños, espejismos y sombras[57] (Lao Tse, 2018, p. 49) habitan y guían al ego. El apego, por su parte, teje redes precisas y rígidas, las cuales, terminan por aprisionar de tal manera al yo, que se puede afirmar que esta prisión es su propia construcción.

> Los hilos de la pasión y del deseo tejen una red a tu alrededor que te aprisiona. Los enfrentamientos con el mundo te hacen rígido e inflexible. Tenaz es la trampa de la dualidad, (p. 90).

Por eso el cambio es difícil. Esto es lo que dificulta la comprensión del mensaje.

Existen dos vías adecuadas para trabajar la ilusión, (Lao Tse, 2018, p. 59). La *aceptación* y el *rechazo*. La aceptación consiste en la contemplación indiscriminada de las diez mil cosas. Sin

---

[57] Dreams, desilusions and shadows.

generar oposición o resistencia, se desactiva el apego y la división.

> Acepta de corazón todas las cosas como parte de la Unidad Armoniosa, y entonces empezarás a percibirla, p. 59.

El rechazo, por otra parte, es la persistencia en el reconocimiento ilusorio de las diez mil cosas. Esto, como resulta evidente, también desactiva el mecanismo de división y apego.

> Quita todos los velos y llegarás a la Unidad, p. 59.

Si nos deshacemos de la división y el apego, podemos, comenzar a vislumbrar el mensaje del Cielo.

90

El holograma y la división

La división y el apego drenan la energía, ocupándola en sueños, espejismos y sombras, (Lao Tse, 2018, p. 49). Este drenaje implica que dicha energía no está disponible para el individuo. El mensaje del Cielo, queda así desoído y el sujeto, no vive sino en torno a la ilusión, (Lao Tze, 1898, pp. 153-154).

El Tao y su verdad están siempre disponibles. El Tao y su verdad habitan en el interior. Por eso, no hay que ir, ni hacer.

Imaginemos que vivimos en un holograma, (Lao Tse, 1990, p. 39). Todas nuestras sensaciones, afectos y pensamientos, no son más que el resultado de un programa informático. Dentro de este holograma, todo es *real*. Tus amigos, el recuerdo de amores, los futuros proyectos. Esta realidad, para nuestro holograma mental, es incuestionable. Y es incuestionable por las pruebas irrefutables de que se trata de una vida, que siente y respira. Que paga impuestos. Que puede quemarse, cortarse y romper su carne. Estímulos, bits, *nada*. Pero detrás de todo eso, siempre habrá una oscura sospecha. De que esto no es todo. De que esto no puede ser todo. Esta sospecha introducirá una inevitable crisis. ¿Quién soy? Esta crisis, será señal para que dicho holograma, reciba el primer mensaje. El mensaje, será un amor que deberá ser descifrado. El amor es amor por algo, específico. Esto activa una secuencia que hace más real la vida del holograma, dotándola de un sentido propio, intransferible. El holograma, podrá no responder al mensaje[58]. No tiene por qué hacerlo. Y esto podrá deberse a una infinidad de variables, que van desde la propia cobardía o a la mera subsistencia. Pero supongamos que nuestro holograma escucha el mensaje y realiza el amor. Aquello a lo que se dedique, que podrá ser arte o ciencia, técnica o artesanía, filosofía o espiritualidad, le renovará la conexión con el Cielo. Esto abrirá un canal con el mismo. Este holograma instará a otros a que sigan el camino que le es revelado[59].

La alegoría en la cual me baso para esta metáfora es la de Platón y su conocida

---

[58] El mensaje no es algo que pueda entenderse como misión o ley. Es amor por algo, alguna actividad para la cual el individuo posee o desarrollará dotes.

[59] Básicamente: que también escuchen el mensaje y lo sigan. El mensaje es siempre individual, intransferible e inmutable [en su esencia] pero cambiante [en su aplicación]. No se trata de un "iluminado" que muestra el camino, antes, al contrario, por ver su camino, insta a que otros, busquen el suyo propio.

caverna. También, es cierto, lo mezclo con The Matrix, pero con varias diferencias. En Platón, el prisionero sale de la caverna, mientras que aquí, permanece en el mundo. En la película, en cambio, aparecen aspectos del destino y factores directamente relacionables con ideas mesiánicas. Para nuestro holograma, dichas ideas, son parte del engaño mismo del sistema.

> Entonces puedes recuperar tu percepción interior pura y ver a través de todos los espejismos. No sabiendo nada, serás consciente de todo. Recuerda: como la claridad y la iluminación están dentro de tu propia naturaleza, se recuperan sin moverte ni un centímetro, (Lao Tse, 2018, p. 54).

91

Tao & MMI

Nuestro MMI es modificado por las ideas taoístas, principalmente, a nivel energético. La reducción de la energía psíquica al yin-yang, resulta precisa, infinitamente apropiada y corrige, por fuerza, errores pasados[60].

---

[60] Si bien la adopción de estos términos puede resultar polémica y confusa, hay varios motivos para defenderla, incluso más allá de lo expuesto en *La Introducción de la Luna*. En principio, no son términos desconocidos en Occidente, aunque se los suele interpretar erróneamente, los mismos tienen un peso propio. Por otra parte, a pesar de nuestra famélica falta de comprensión de los símbolos, por algo, debemos empezar. El lenguaje simbólico es móvil, mutable, paradojal y debe entenderse siempre en relación al contexto. Al mismo tiempo y por esta razón, su movilidad, posibilita una exposición dialéctica y no expositiva de las cosas. Tal vez la objeción más fuerte a la utilización del yin y el yang como principios psíquicos, devenga de una fuerza externa a la psicología: ¿masculino y femenino? ¿No es esto un retroceso en tanto se visualiza un esfuerzo por librarnos de estos cánones? La flexibilidad y lo mutable de estos términos, genera, al contrario de lo que pueda pensarse, un modelo reflexivo en torno al problema. En tanto nada es nunca completamente yin, ni yang, nos abre las puertas a una perspectiva más compleja. Algo yin, puede mutar a yang y viceversa. Pero lo yang siempre tendrá lo yin adentro y viceversa. Una expresión yin, posee algo yang y viceversa. Son términos, indivisibles y móviles. Si bien no

Esta postura nos aleja definitivamente de la oposición vida-muerte.

Lao Tse también nos brinda elementos para el trabajo de analítica. Se trata, en todo, de la meditación y el descondicionamiento. Por otro lado, nos alía nuevamente con la idea de que es el individuo el que descifra el mensaje. No podemos imponer ideas, por bien fundadas o bien intencionadas que estén. Se trataría, en tal caso, de una especie de facilitación de la comunicación con el Cielo.

No es, claro, necesario explicar que esto es una analogía.

Podemos dibujar una gráfica mental del taoísmo. El centro, naturalmente, lo ocupa el Tao.

---

contribuyen a la certeza, nos posibilitan la posibilidad de pensar a modo del gato de Schrödinger.

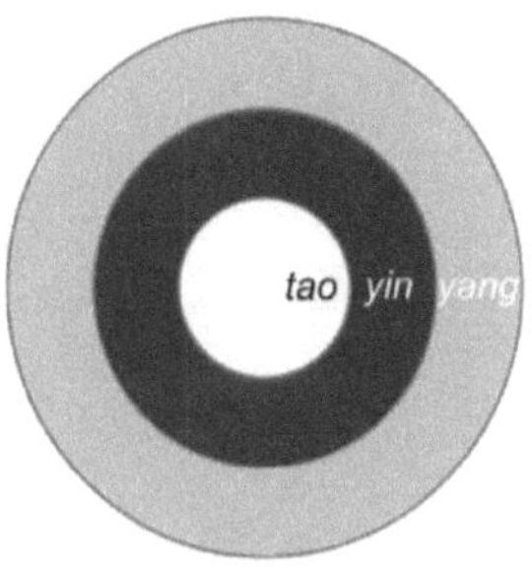

ESQUEMA LAO TSE

El yin, ocupa la porción de alter (lo oscuro) y el yang la parte de ego (lo claro). En la parte yin, fundamentalmente inconsciente, ubicamos a las dos funciones femeninas: sentir e intuir, por su parte, en la parte yang, ubicamos, a las dos funciones masculinas: la voluntad y la razón.

En el centro, encontramos al Tao, imposible de identificar con algo, pero en todo presente.

Podemos, finalmente, dar el salto al último capítulo de esta obra. El MMI queda compuesto por estas tres partes, emanadas de 12 autores y sus aportes.

MMI

SÉPTIMA PARTE:

MODELO MENTAL INTEGRATIVO

13. MODELO MENTAL INTEGRATIVO

13 MMI Intro

> El hombre es la víctima de un
> medio que se niega a comprender su alma.
>
> Charles Bukowsky
> *La Máquina de Follar*

Pertenezco a una nueva generación de psicólogos, la cual, no encuentra respuestas en lo que ha sido hasta ahora la psicología. No obstante, somos conscientes que lo pasado, no vale menos por viejo y lo futuro, sin un fuerte anclaje en lo que ha sido, prometería sólo vacío. Teniendo en cuenta estos tres elementos, el pasado, el futuro y la disrupción, es que emerge este intento de creación.

El primer movimiento para arribar a esta psicología, consiste en la creación de un modelo psíquico, el cual, nos dará un punto de partida ideal; naturalmente, este modelo deberá regularse por los nuevos descubrimientos científicos y el propio devenir de esta ciencia.

Dividimos, asimismo, la psicología en tres grandes áreas[61]: la psicobiología,

---

[61] Dividir la psicología en tres grandes áreas [metapsicología, psicología propiamente dicha y

lindante en lo más científico, la psicología propiamente dicha y la metapsicología, área más abstracta, la cual se hermana directamente con el pensar.

La ciencia no detiene su avance, pero hasta ahora nos entrega fragmentos de información, que aunque muy valiosos, nos impiden basarnos únicamente en estos. No renegamos de ella, ni de su método, pero por fuerza, debemos crear modelos adecuados a falta de formas definidas.

Esta obra, sin duda, debe clasificarse como parte de la metapsicología. Sería imposible o muy deficitario generar un panorama universal, desde otro lugar que no implique un serio replanteo filosófico y social de nuestra ciencia.

Por esto mismo, el punto de partida es el Modelo Mental Integrativo (MMI). Para la creación del mismo, exploramos doce autores fundamentales, los cuales, fueron desarrollando ideas a lo largo de la historia. Este proceso, nos dio una firme

---

psicobiología] no implica una multiplicación inútil de lo mismo, tal como podría acusarnos algún epistemólogo seguidor de Ockham. Si ubicamos en un polo a la filosofía y en otro a la ciencia, se comprenderá el por qué de esta multiplicación; no se puede unir, por fuerza, lo que por el momento se muestra como distinto. Curiosamente, nuestra integración divide, pero lo hace en la consciencia que esta división no sólo es artificial, sino también inevitable.

base, a partir de la cual, es posible *crear*. Esta creación, original e inédita, surge por lo dicho: la necesidad de un modelo adecuado al siglo y a la psiquis del humano actual.

El lector encontrará en este capítulo, esa buscada síntesis. Resultó imposible arribar a la misma sin recurrir –a veces en exceso- a la metáfora y al pensamiento filosófico. Estos excesos, resultan imprescindibles si se quiere tener una correcta aproximación al misterio del alma.

Hoy, no podemos seguir reduciendo la mente a un mero emergente construido del mundo, se trata de ver, que puede hacer la psiquis en el mundo.

92

En guerra

La alineación de dos puntos produce energía. Esta energía se genera por fricción o complemento, siendo la primera destructiva, la segunda constructiva. De la energía activada, se generará un tercer punto, del cual, en orden natural, devendrán más elementos.

> Todas las cosas, las gobierna el rayo[62], p. 330.

Dijo Heráclito (1981) en el fragmento 64.

La energía destructiva, genera una fuerza potente y fulminante. Se produce, no obstante, una pérdida doble. Los puntos utilizados, devienen combustible, generando descargas destructivas o autodestructivas.

La energía enferma se puede desplegar como yin, siendo autodestructiva, pero también puede

---

[62] Léase energía. Léase energía psíquica, en este caso y para esta precisa interpretación.

hacerlo como yang, destruyendo objetos externos.

A este es el tipo de energía al cual nos encontramos expuestos en la mayor parte de nuestra vida. Guerras violentas [yang] o guerrillas encubiertas [yin] arrasan en cada campo de despliegue humano. Sería inocente o hipócrita no reconocer que el mundo es, ha sido y será, un gran campo de batalla.

Dijo Heráclito (1981) en su fragmento 53:

> Guerra es padre de todos, rey de todos: a unos ha acreditado como dioses, a otros como hombres; a unos ha hecho esclavos, a otros libres, p. 347.

Las guerras abiertas por su gráfica violencia, son fáciles de percibir. Las guerras encubiertas, no obstante, resultan un tanto más difíciles de descifrar. Las guerras encubiertas, generan las guerras abiertas; tarde o temprano, la violencia vedada, termina por manifestarse. Pero es la causa de las guerras encubiertas lo que podría desactivar el germen, desde su inicio, evitando las catastróficas consecuencias.

Antes de entrar a este campo, debemos preguntarnos qué tipo de batalla queremos tributar. Contra qué o quién luchamos. Una superstición débil nos haría dejar el arma, pero eso, no solucionaría nada. Quedaríamos indefensos en medio de la batalla.

Debes tomar una espada, aquí te digo. Esto nos devuelve a la pregunta, contra quién o qué luchamos. En principio, no queremos terminar como prisioneros de guerra. Y por eso, aquí tomamos la espada. Porque (Flowers, 2010):

> *We've seen the outcome of the boys who didn't fly.*
> Todos hemos visto lo que ocurre con los que no pudieron volar.

93

El campo de batalla

El consciente colectivo, [volksgeist,Wundt, 1990], es el campo de batalla, pero nadie entra a una guerra sin una buena razón. Podemos reducir las razones a dos: lo material (conservarlo o conquistarlo) o la supervivencia (en ataque o defensa). Tenemos las guerras de tipo imperial y las defensivas o coloniales. Mezclando estas fórmulas, surgen diez mil razones, siempre yang, masculinas y abiertas. Pero las mismas, poseen una base sutil, femenina y oculta.

Sería interminable un conteo de razones acerca de la guerra. Es preciso, por tanto, ir a su tenue origen. Los dos puntos, yin y yang, deben alinearse para producir energía. La razón sirve como medio, pero en tanto no es origen o causa, no puede explicar el desenvolvimiento que intenta justificar.

Desde el instante mismo en que nacemos, existen cuatro tirantes que nos fuerzan a entrar a este campo. Adler (1958) llamó a estos tirantes, *tareas de la vida*. Si bien rechazamos aceptarlos como valores, los aceptamos fenomenológicamente, para buscar en ellos su origen. En esencia, funcionan como tareas o proyectos de vida, de los cuales nadie puede librarse en sentido absoluto; casi todo el tiempo, sin interrupción, pensamos en estos cuatro tirantes, los cuales, al mismo tiempo, nos piensan a nosotros.

Al ser imperativos generan profundas razones: cualquier insignia o bandera, de cualquier valor o estandarte. Tienen muchos nombres: principio de realidad (Freud, 1991e), de la función de lo real (Janet), imperativo categórico (Kant, 2007), lo uno [Das Man], (Heidegger, 1962). Pero antes de desentrañar su origen, atengámonos a su desenvolvimiento. El mismo, *así por sí mismo*, puede revelarnos más de lo que intenta resguardar.

El yo. El yo surge como una proyección del ego en el mundo. Es la marioneta, física y biológica. Jung (1985a, 1985b) retrata esta forma yoica a través de la idea de *persona*. De esta máscara, deviene el sentido de valor propio, a través de lo que suele denominarse *autoestima*. Este ego, debe lidiar tanto con un sentido de inferioridad, como de superioridad, constantes, (Adler). El mundo exige un yo constituido, interactivo y acorde a las certezas de este mundo. Esto, podrá variar de una cultura a otra, pero la exigencia de presentación de un yo, es igual en todas.

Lo Filial. Este yo, se forma en un mundo afectivo, el cual le guía en aquello que debe conquistar y aquello que deberá esperar. En lo filial se establecen todas las relaciones de apego formadoras de la personalidad, pero más que eso: ocurre una estructuración del mismo. Esto le marcará un mundo limitado y organizado. Fuera de ese pequeño espacio filial, no sabe quién es, ni qué desea.

El apego. De esta estructura, parece nacer el amor, pero no es un amor libre y consciente, sino marcado plenamente en torno a condiciones y apego. Se amará, pero aquello a lo que se ha sido condicionado para amar. Al mismo tiempo, se buscará el amor, pero de aquello para lo cual se ha sido condicionado para desear. Se repiten, de esta forma, las estructuras primarias de apego. Esto, también se lo aplica a toda estructura social: lo laboral, lo formativo y las amistades, estarán previamente determinadas en busca del amor de familia primario. Esto, lo ha apreciado a la perfección el psicoanálisis, pero no debemos confundir apego con amor.

Lo material. Es el cuarto eslabón tirante. Lo material, está en todo, en el apego, en lo filial y en el yo proyectado. Este eslabón exige una conducta, acorde asimismo, al resto de los patrones. La exigencia o tirantez es por lo material y el apego es a lo material. La gente que cumple a cabalidad con estos mandatos, puede gozar de una vida relativamente plena.

Estos tirantes interactúan de tal forma que su resultado probable es muy difícil de calcular.

Estos tirantes, configuran la memoria funcional del ego. El ego *es* en relación a estos tirantes.

Estos tirantes, nos introducen al límite propio de lo material, natural castrador del espíritu. Desde el minuto uno del nacimiento, el individuo inicia una batalla, que será más o menos violenta, con el mundo. Limitado corporalmente, en conocimiento, en lenguaje, en habilidad motriz, deberá enfrentarse al propio sentido de inferioridad, (Adler) contrapuesto a esa omnipotencia espiritual, de la fantasía donde todo es posible. Atendamos, a estas sabias palabras de Hegel (1973) en torno al límite:

> El hombre, si quiere ser realmente,
> debe existir y limitarse hasta el fin.

Aquel que se disgusta demasiado ante lo finito no alcanza realidad alguna, se agita en el mundo de las abstracciones y se consume dentro de sí mismo, (pp. 148-150).

Pero es aquí donde proponemos una inversión fundamental en el campo teórico [y fundamentalmente práctico] de la psicología. Hemos, hasta ahora, visto cómo el mundo forma nuestra mente, pero es tiempo de ver qué puede hacerle la mente al mundo. La guerra materia-espíritu, sólo logra finalizar si el individuo alcanza algún grado de maestría sobre la materia, sea artesanal, sea artístico, sea ínfimamente monetario.

Lo que une y ensambla estos tirantes, es el apego. El apego, lo tomamos, en forma indiferenciada, por el momento, de tres disímiles autores: Buda (2002, 2004), Lao Tse (1990, 1992) y Bowlby, (1986, 1993, 1995). Por el momento, bastará tener en claro cómo funciona el apego. Es el combustible. Se enciende en la oposición. Yin y yang se enfrentan así, consumiéndose. Este es, sin duda, el origen de la guerra primordial, la cual libramos.

94

La ruptura de lo inercial

La unión o choque entre los dos puntos puede ser alterada. Podemos describir el patrón causa efecto como algo interminable, siempre y cuando, algo no intervenga en esa inercia. Si somos capaces de ver el apego [upadana] en la guerra, estaremos en condiciones, o cuando menos, tendremos una leve oportunidad frente a la misma. Tanto el apego, como sus razones, se generan, a saber, en individuos. Sabemos bien lo de los miles de millones en el campo de batalla. Pero los millones y la batalla, están generadas en la oposición de elementos. Sin soldados, no habría guerra. Lo interminable de la guerra, no es intrínseco a la misma, sino a la interminable disponibilidad de soldados.

El reclutamiento para cualquier guerra, es relativamente simple. Basta un *sentir fundamental* y las *razones* aparecerán. Mientras que las razones dan sentido [paradójicamente a la vida] el sentir retroalimenta al soldado a puntos inverosímiles.

El apego desplegado en el mundo, justifica el *sentir*. El apego es propiamente una identificación entre el individuo y otro individuo u objeto. Se sentirá así una falta esencial. Esta falta o incompletud, no es debida tanto a la condición intrínseca humana, sino a la condición del apego. Estamos incompletos porque repartimos nuestras partes entre humanos y cosas; últimamente entre más cosas que humanos[63].

Un individuo dividido, será fácil de reclutar en tanto su propia condición le hace vulnerable a vivir en torno a las dosis de apego. Alguien que ha nacido en guerra, no se alterará por hacer explícita esta lucha, por el contrario, la misma, le dará los motivos necesarios para existir. Pero no todos los soldados son fáciles de reclutar.

Desde hace unas cuantas décadas, hay consciencia de esta guerra. Desde hace unos años, ha quedado en evidencia su

---

[63] En la acepción occidental, al apego se lo relaciona, con el cariño y el afecto. Remite a lazos infantiles, pero también, ya mediando con lo oriental, podríamos hablar del apego en relación a la dependencia. Es llamativo el origen etimológico [latin] de la palabra: apego: ad-*hacia* y picare-*untar*, *pegar*. Si profundizamos un tanto este "pegar", es un pegar muy particular, es pegar con pix. Pix, es una sustancia negra y pegajosa. Si el apego tenía alguna connotación positiva, su etimología la hace, como mínimo, repugnante.

origen. Desde tiempos inmemoriales, existe el conocimiento de aquello que hace luz en las causas y efectos de esta brutalidad.

Pero que exista el conocimiento, incluso milenario, no garantiza –nunca lo hace- su utilización. Si el aspecto yin [femenino, sentir] de este conocimiento, se encuentra bloqueado, sólo podemos analizarlo en términos de razón [intelectuales], asombrándonos [o rechazando] su coherencia, pero siempre creando ideales, sin base alguna, los cuales, borraremos con insistencia con el codo. Al estar dañado el aspecto yin, este conocimiento no ha podido utilizarse en forma correcta.

Es remarcable que los soldados inservibles, sean los portadores de este profundo cambio. Por inservibles, me refiero a pequeños errores en el sistema. Algo despierta en ellos, *preguntas*. Estas preguntas, inevitablemente, le crearán problemas a nivel material o pragmático. Los inservibles para el mundo, tendrán, asimismo, una lucha cruenta e incomprensible para los serviles. Por un lado, los tirantes del mundo, le impulsarán a tomar las armas, a correr, a tener éxito y ser lo que se supone que deben ser. Por otro lado, una consciencia más profunda, le dirá, en términos siempre confusos e incomprensibles, que eso, la guerra, no está bien. Dijo Lao Tse (1990), al respecto:

> Los hombres vulgares son vivaces y
> seguros
> yo en cambio parezco deprimido
> agitado como el océano
> arrastrado a la deriva sin cesar.
> Todos los hombres tienen algún
> talento
> solo yo estoy de ocioso como un
> mendigo.

Pero la consciencia analítica, posibilita volver a sí, la energía desplegada en el apego. Si bien esta tarea, en principio, puede parecer interminable, no es tan extensa, en tanto luego de un tiempo de práctica, la misma, puede extenderse *así por sí misma*. La sintomatología, no obstante, siempre remite a una base común (Adler, 1958, p. 36), esto es el *individuo*, base sin la cual el camino a seguir [la analítica], sería algo acertadamente caracterizado como interminable.

95

Los seres de la noche

En términos técnicos, lo que proponemos es una inversión energética. En los años, hemos visto a la psicología intentar una y otra vez, explicar la psiquis a través de factores externos. Es hora de generar un giro. Esta inversión implica riesgos, ya que la vuelta de la energía, puede resultar trastornante. En efecto, muchos humanos, funcionan correctamente en el mundo, destruyendo o autodestruyéndose. En estos casos, no hay *nada* que hacer. La normalidad es la mayor cuna de soldados que existe. Pero para los que quieran emprender este trabajo, habrá que levantar aquí una advertencia: al recuperar energía, el individuo, puede quebrarse.

Traspasada la fina capa de consciencia, se encuentran complejos engramas. Están construidos de pasado. Estos engramas, funcionan como seres. Poseen voluntad y razón, su base, como siempre, es el sentir. Hablan, se desarrollan y pueden crecer a puntos abismales. Al cobrar relativa autonomía, los llamamos *complejos*. Las variaciones de los mismos pueden ser infinitas.

Los límites del alma no los hallarás andando, cualquier camino que recorras; tan profundo es su fundamento, (Heráclito, 1981, p. 373).

Al ser legiones, debemos agruparlas en dos vertientes fundamentales: seres positivos, del día y seres oscuros; la noche. Los positivos, se encuentran en la parte o hemisferio superior de la psiquis, mientras que los negativos, hablan desde la base inferior. Mientras mayor sea la lucha, peor será el conflicto y la subsiguiente división del humano. Esta lucha, la tomamos de Freud (1991i), pero en un sentido geográfico: se trata de una contienda entre hemisferios. Tenemos, precisamente, *dos mentes* y funcionan *en paralelo*. Estos seres se escindirán, al punto de crear dos o más personalidades, una clara, la otra oscura. Este proceso, al mismo tiempo, asegura la constante emisión de apego.

Los ángeles y demonios, son imaginarios. Pero demonios y ángeles, comienzan a hacerse más y más reales a medida que se profundiza en los estratos de la mente. Los ángeles, por su parte, crean bellos ideales, escriben leyes y resguardan la moral, a través de la culpa, el remordimiento y lo que suele llamarse *consciencia moral*. Los demonios, por su lado, mienten, engañan, manipulan. Son lujuriosos, ambiciosos y en todo, obscenos. Quede esto graficado en forma incuestionable en la siguiente expresión (Flowers, 2010):

> *Ten thousand demons hammer down*
> *with every footstep.*
> Diez mil demonios martillean mis
> pasos.
> *Ten thousand angels rush the wind*
> *against my back.*
> Diez mil ángeles empujan viento
> contra mi espalda.

Lo que vemos, tanto de los humanos, como del mundo cotidiano, son o se corresponden con la parte superior. Es en la noche, donde se acuna el pecado.

Comienza a vislumbrarse el por qué de la dificultad de acumular energía. Esto podría, sin más, liberar bestias muy superiores al ecosistema psíquico logrado hasta ese momento por el individuo. La gente demasiado apegada a las leyes, resguarda su infierno tras una barrera, no siempre infranqueable. Sueños demasiado violentos o fantásticos, deberían advertir esta fragilidad. No se puede negar que los esquemas artificiales, en general, cumplen la función: reprimen impiadosas pulsiones, que de otra manera, emergerían.

Hay que ser conscientes de lo siguiente: la analítica, puede resultar demoledora. Imágenes e ideales, a las cuales se le tenía el mayor de los respetos, pueden caer. Esto generaría un vacío tan angustiante, como difícil de llevar.

Más complejo todavía, resulta explicar que en ningún momento, el psicólogo deberá cuestionar, dudar o interpretar aquello que el individuo muestra. ¿Cómo, entonces, podría llegarse a dudar o destruir incluso, valores a los cuales se había nacido aferrado? *Así, por sí mismo*. Esto nos lo mostró Rogers (1984) a través de lo que llamó la *aceptación incondicional*. Si se enseñara – o se creyera posible tal cosa- a dudar, a pensar, los resultados serían tan contradictorios, monstruosos y contraproducentes, que lo mejor sería dejar todo así como está. La analítica de las estructuras de apego desplegadas, abren preguntas, dudas, razones. Es capaz de generar, a través del vacío proyectivo de apego, un lugar en el cual, se puede comenzar a preguntar por el sí mismo.

La mayor parte de los humanos se encuentra dividida. No contribuiría en nada romper o desestructurar; es el equivalente de echar más fuego al apego. También es claro que la mayor parte de los humanos, acude a terapia, no en busca de una reestructuración, sino en razón de la problemática de los tirantes. El apego, la imagen de sí, lo filial y lo material. En suma, buscan *funcionar en el mundo*. Como nuestro pacto, es del resguardo de la individualidad, responderemos acorde a tal demanda. Puede que, no obstante, esta imposibilidad de funcionar en el mundo se deba a una plena consciencia de la guerra. En este caso, la demanda, también es funcional, pero sólo en apariencia. Detrás, existe consciencia de que algo no está bien. Esa consciencia no la da ni el conocimiento, ni el estudio; proviene del *selbst*.

Por eso Heráclito (1981),

> como si hubiera cumplido con algo
> magno y sagrado, dice: me
> investigué a mí mismo, (p. 374).

La expulsión del ego

Los seres que habitan el *ego*, pueden acrecentar de tal forma su dominio y autonomía, que en su ruido, despierten a los seres del *alter*, esto es, los arquetipos. Toda variante de psicosis o psicopatía grave, se enmarca en esta secuencia. Si bien todo ser del ego, es engendrado en el alter, sea ser del día o de la oscuridad, el mismo, puede lograr una autonomía relativamente alta, pero jamás tan acabada y perfecta como la autonomía de los seres del alter. Los arquetipos narran secuencias[64], determinando roles [del ego] y propiamente viven a través del humano, expulsándolo de sí mismo. Los arquetipos se encuentran en los mitos, a diferencia de los semidioses del ego, estos son, propiamente, divinos; tanto los buenos, como los que no.

El uso lateral de la razón y la voluntad, puede haber construido magníficas ciudades, desarrollado la medicina y la técnica, uniendo y

---

[64] No he encontrado mejor palabra, pero esta "narración", no tiene, en sí, nada que ver con el lenguaje o con las palabras. Simplemente repite secuencias estructuradas en una narración profundamente inconsciente.

comunicando al mundo de forma inimaginable tan sólo un lustro atrás, pero es esta razón y voluntad, lo que nos ha llevado, no pocas veces al peligro de la destrucción, a las catástrofes ambientales provocadas y en todo, a la construcción simétrica y atroz de una sombra que lejos de la consciencia, nos amenaza desde el vacío como un animal salvaje y escondido dispuesto a devorarnos. La razón y la voluntad han logrado hacer individuos funcionales, altamente eficientes y calificados, capaces de logros asombrosos y dignos de innegable respeto, pero la prevalencia de las funciones masculinas, ha obturado el desarrollo de lo femenino y sus consecuentes funciones. El *sentir* y el *intuir*, yacen oxidados y denigrados, tanto en hombres como en mujeres.

El innegable desconocimiento que tenemos de los símbolos y las simbologías ancestrales, demuestra el óxido en estas funciones. Esta advertencia, de Platón (1992), no debe pasar desapercibida.

> Todos [...] tenéis almas de jóvenes sin creencias antiguas transmitidas por una larga tradición y carecéis de conocimientos encanecidos por el tiempo, p. 163.

Pero toda la simbología universal, puede ser estudiada, desde dos puntos de vista distintos. Al primero lo llamaremos egocéntrico y al segundo altercéntrico. Desde el punto de vista egocéntrico, tenemos las antropologías o estudio de simbologías, mitos y misterios, desde un punto de vista centrado en la propia visión o cultura. Esto, invariablemente, conduce a un único tipo de conclusión: los pueblos, menos evolucionados o supersticiosos, crean mitos porque no entienden qué es lo que *de verdad* ocurre en el universo. Por el otro lado, la postura altercéntrica, se basa en entender la vivencia o la visión del otro, sin interpretarlo más que en los términos del otro; se intenta entender la vivencia de ese símbolo. Wundt (1990) y su psicología de los pueblos, resulta un caso paradigmático del ego propio como punto de partida. James, en cambio, garantiza la comprensión de la vivencia espiritual en distintas culturas[65].

Al estar la razón y la voluntad, escindidas e hiperdesarrolladas, las mismas, resultan una fuerza imparable. Y resultan destructivas y autodestructivas, porque no sienten. Si situamos al sentir en el alter, no es porque el que sienta sea el otro, sino porque sólo a partir de ese punto de profundidad, es que el otro, existe. Y por tanto, la relación es posible. El apego, es una fusión, no una relación, en donde los individuos, se encuentran identificados

---

[65] Otro tanto podríamos decir de Jung y Freud.

entre ellos o en una referencia [la patria por ex]. Roto el apego, lo que queda es una relación entre iguales, seres justificados en sí mismos y por sí mismos. Si lográramos *sentir* al otro, veríamos lo básico: que es parte nuestra. Que la ambición no justifica su destrucción [directa o indirecta]. Esto implicaría una reverencia sagrada, la cual está lejos del pobre concepto de empatía.

El yacer, oxidado y objetivado de las funciones femeninas [yin] desenmascara no sólo la obstrucción de dichas funciones, sino también el largo proceso de construcción de las mismas que deberemos atravesar, en esto, tanto hombres como mujeres. El *sentir*, está equiparado a lo débil y pusilánime. El *intuir*, por su parte, es equiparado a superstición y al pensamiento mágico. El yacer, en este sentido, ha producido, que el óxido mismo, genere un *sentir realmente* débil y pusilánime, simétricamente superpuesto a un *intuir* superfluo y mágico.

Al no tener estos dos aspectos [yin] desarrollados, la humanidad toda, es lo más semejante a un macho. Esto es, un soldado.

Una única palabra da con la compleja clave para intentar este problema: *oscuridad*. El *sentir* y el *intuir*, son parte de lo femenino, lo oscuro. Las muletas de la razón, deben abandonarse en la entrada y no queda más que arremeter contra una tempestad ante la cual nunca sabremos con certeza si sobreviviremos o no.

Pero sólo en la vuelta del apego, el mismo, puede ser transmutado, es decir, limpiado de su lastre material.

97

Sueños primitivos

El *selbst* no cesa de enviar ideas mensajes hacia el *ego*, los mismos, se encuentran codificados en términos simbólicos, por lo cual, tienen dos destinos; se decodifican e interpretan o caen en olvido. La guerra en su insistente realidad, colabora en esta incapacidad. La imposibilidad de recordar lo olvidado no gira en torno a una amnesia; el problema es el daño psíquico existente en el área de decodificación del mensaje.

Hacia el área del alter, comienza la función del sentir, capacidad yin. La misma, como hemos expuesto, está gravemente dañada por motivos culturales, pero los desestimaremos aquí, para explicar los internos. Los mismos responden a heridas, propias de la vivencia: dolorosas desilusiones, traiciones, pérdidas, ausencias, faltas y todo aquello que poco a poco transforma un corazón de oro en una roca inerte. Lo que no suele comprenderse a simple vista, queda perfectamente expresado en la siguiente sentencia de Claire Boucher (Grimes, 2015):

Broken my own heart again

He roto mi corazón de nuevo
chasing something beautiful
por perseguir algo hermoso.

Lo que nos salva no es quebrar nuestra alma, sino hacerlo en busca de algo hermoso. Por otro lado, nos encontramos con los condicionantes, patrones del sentir deformados, (Rogers, 1981). Los condicionamientos (Watson, 1930) no aplanan el sentir, pero lo desvían hacia trivialidades, sentimentalismos y todo, en forma patética y pueril. El centro del sentir primordial, queda así irremediablemente endurecido; pletórico de defensas o dispuesto a conmoverse por naderías[66].

El funcionar deficiente de este centro, hace difícil que el mensaje sea descifrado en forma adecuada. Al mismo tiempo, esto desfigurará toda relación con otros y el mundo. Se amará, pero sólo aquello que no signifique nada, mientras que la frialdad y el cinismo, despertarán con respecto a objetos o situaciones trascendentes. La guerra, sabemos, genera un olvido cíclico, el cual distorsiona en forma progresiva la esencia.

El desbloqueo de este centro, es siempre doloroso, en tanto, abre la

---

[66] Los mecanismos esenciales son la desviación, la represión y la inversión.

posibilidad de sentir un mundo, que hasta entonces, se desconocía. El dolor, dolerá, por aquello que debe doler. Esto es, en el propio centro del individuo, sin distorsión, limpio y real. También se encontrará asidero en el sentirse bien, pero por aquello que [le] hace bien [al individuo]. Esta es, la esencia de la autenticidad.

Es evidente, que hay personas que no pierden este centro. Es cierto que son más sensibles que el común, pero ese karma no es de ellos, sino del común.

Más grave es todo lo que observamos en términos de dependencia [apego] y posesión [poder]. Esto significa que el centro del sentir primordial, estará tomado por alguna entidad. El apego fuerza a buscar salvadores y siente placer en el dolor del autocastigo [o castigo del otro]. El amor desde esta entidad es una necesidad de protección hacia figuras superiores. El autocastigo devendrá de culpas y reproches, emergentes por supuestas infidelidades a esta figura. Desde esta posición, el amor será siempre algo que viene de afuera. Si este amor no es logrado, se caerá en invalidez y esta incapacidad, impedirá enfrentar hasta lo nimio que se presente. Esto, como resulta evidente, no es amor, sino *apego*, específicamente, masoquismo; energía yin enferma.

Por el contrario, el deseo de poseer y manipular, explica una estructura masculina [yang] enferma, esto es, sadismo. Esta entidad tenderá a convertirse en salvador, pero castigará, en este caso, cualquier infidelidad de los salvados. Es claro que para erigirse como figura de poder, deberá no tanto poseer alguna cualidad única, sino colocar, a los que busca dominar, en una posición masoquista, de veneración y dependencia. Fuerte y celoso, colmará, asimismo, con su amor la fidelidad de aquellos que no se le resistan.

Algo que comparten, tanto las entidades sádicas, como las masoquistas, es que toman al ego de centro. Sufre o hace sufrir, de cualquier manera, no pierde nunca su importancia. Pero si el ser emanado adquiere preponderancia desde el alter, el ego se transformará en un esclavo más y propiamente, le poseerá otro. Los seres que habitan nuestro inconsciente, siempre emergen a superficie en forma de ideas-energía. No podemos, en principio, ni localizar su origen, ni su centro. Son, a todas luces, autónomos. Ahora bien, las problemáticas ocurren cuando los mismos comienzan a absorber demasiada energía y a volverse seres autoproyectados, arrastrando toda la vida, consciente e inconsciente, tras ellos. Encontraremos tanto aspectos sádicos como masoquistas, en toda psique humana.

Llegamos a este punto y resulta evidente que la alineación del yin y el yang, es *amor*. Este es el complemento y la integración psíquica. Pero el amor es lo imposible en tanto la confusión y la guerra prevalezcan. Razón y sentir, intuir y voluntad, deben alinearse, creando una generación de energía pura. Queda una última barrera por sortear, la cual, tiende a volver escéptica a la humanidad: esta alineación, no es ni completa, ni duradera, pero a todos los efectos, se comporta como tal.

> Cualquier destino, por largo y complicado que sea, consta en realidad *de un solo momento*: el momento en que el hombre sabe para siempre quién es, (Borges, 1974, p. 562).

No es completa, ya que se genera en aspectos puntuales, específicos. No es eterna, pero remite a la eternidad en reminiscencia.

Esta alineación la podemos dividir en tres tiempos: la revelación en sí, el destino implicado como apertura de camino y en consecuencia, la obra. El momento de la revelación ocurre en forma activa o pasiva. La forma activa, se genera a partir de una búsqueda intencional. Debemos imaginar a artistas, filósofos y a místicos, que luego de una incesante invocación, encuentran la respuesta. La forma pasiva, ocurre cuando sin búsqueda previa, ocurre un encuentro, el cual determina, en forma tajante, el destino. El destino está implícito en la revelación, en tanto fija una decisión o voluntad que cambia [o continúa] la vida. Finalmente, la obra es la acción, la plasmación en la materia de aquello que es revelado.

Los antiguos nativos de Norteamérica, (Torrance, 2006) realizaban este proceso en forma precisa e increíble, incluso poética. A la edad de 12 años, el individuo debía salir al bosque en busca de un *sueño sagrado*. El mismo, debía revelar un espíritu protector y guía. El espíritu, normalmente un animal, era algo estrictamente personal, intransferible y sólo aplicable al buscador del mismo. La salida era en soledad, no se consumían ningún tipo de alucinógenos ni tampoco podía alimentarse durante el lapso de exploración. Si se agotaba y no encontraba el sueño, debía volver a la aldea, para reponerse y salir nuevamente.

Naturalmente, debemos suponer que distinguían entre sueños ordinarios y espirituales. Que en nuestra cultura occidental esta clase de búsquedas sean inexistentes o se las subestime, no quiere decir que no tengan valor. Nuestro ego occidental, debe aceptar, que no siempre lo sabe todo y que no todo lo que sabe, vale oro. Hay mucha luminosidad en culturas ancestrales[67].

Por otra parte, aquí entramos a un problema con el que debatiremos de lleno con la psicología contemporánea. Y es que casi cualquier manifestación excepcional y toda alucinación, es entendida, sin más, en términos *siempre* patológicos. En esto podemos incluir desde la mera interpretación de un tests en términos místicos, a las alucinaciones, propias de los místicos. Es demasiado simple considerar locos a todos, en tanto esto nos libre de la posibilidad de enfrentarnos con los demonios que nos habitan. Nuestra muy pobre y nula comprensión de los mitos y símbolos, nos advierte que este tipo de interpretación, será también insuficiente y en algunos casos, completamente errada.

---

[67] Naturalmente, mantenemos el criterio de que lo viejo, no por serlo, es más sabio que lo nuevo y que lo nuevo, por serlo, necesariamente es mejor a lo viejo. Este relativismo, debe aplicarse también en forma crítica: en algunos casos, las culturas primitivas no tienen mucho para aportar. E incluso algunas, fueron peores a la actual.

Si tenemos en cuenta la dirección de la activación del ser, esto nos posibilita diferenciar, sin dificultad, la psicosis, de la experiencia mística. Si la activación, deviene del mundo, la misma, debe interpretarse sí, en términos patológicos. La propia psicología y sociología del individuo, explicará que crea ser Cristo o Napoleón. Si la activación, proviene del mundo interno, esto es, del selbst, lo activado, no trabajará del todo escindido del individuo. En la diferencia de la direccionalidad de la energía, es donde está la clave y la esencia. Este breve párrafo, debe gravarse a fuego, ya que le estamos haciendo demasiado daño a nuestros espíritus ancestrales. Es decir, a nuestro alter.

> El Señor, cuyo oráculo está en Delfos, no dice ni oculta, sino indica por medio de signos, (Heráclito, 1981, p. 370).

98

Disección del MMI

Nunca ha sido fácil el camino, pero hoy es posible comprender que la guerra es una ilusión. Todo, absolutamente todo lo significativo en la vida no lo marca la realidad, sino la unión del yin y el yang. Nunca es fácil mantener esta postura y sólo para eso es la espada que en principio, conservamos. Dijo Heráclito:

> Difícil es combatir con el corazón: pues lo que desea se compra al precio de la vida, p. 390.

En este último apartado, exploraremos el modelo mental integrativo, por fin constituido. Al ser modelo, insisto, resulta una guía, a la que le podemos suponer, generosamente, algunos aciertos. Al ser parte de nuestra metapsicología, esta guía, es una brújula para pensar una "nueva" psicología, con raíces, evidentemente arcaicas.

En principio, habrá que decir que la esfera que visualizamos como psiquis, tiene, aproximadamente, dos metros de alto y ancho. Si sirve de asidero, piénsese en el hombre de Vitruvio de Da Vinci. Es una esfera más grande que el cuerpo y obviamente, que el cerebro. Si las ideas resultaran medibles, nos sería posible ponderar "tamaños", más allá de la conjetura y de la convención; como esto no es posible, el dibujo del autor renacentista, es buena introducción.

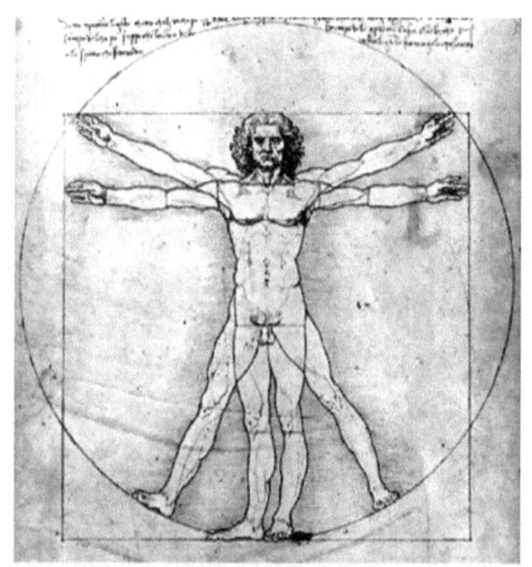

HOMBRE DE VITRUVIO

La esfera, en sí, es luminosa, siendo el centro, desde donde esa luz irradia. Ahora bien, los estratos que la componen, alteran la luminosidad. Deberíamos ver miles de millones de partículas, en incesante movimiento, uniéndose y repeliéndose. Al mismo tiempo, observaríamos ciclos de acumulación y dispersión, pero también como de mareas, ascendentes y descendentes, no sólo al interior de la esfera, sino emanándose de la misma.

Las funciones mentales, se encuentran alojadas, tanto en el ego, como en el alter. Las dos funciones masculinas, yang, corresponden al *ego*, mientras que las dos funciones femeninas, yin, se encuentran en el *alter*. Todo ser humano, nace con las cuatro funciones. Está claro que el desarrollo puede volverlas parciales o incluso anular algunas. Las mismas, no obstante, en forma abierta o velada, están siempre presentes.

Las funciones masculinas, al estar más cerca de la consciencia, son las más conocidas; culturalmente se encuentran hiperdesarrolladas. En este sentido encontramos a la voluntad o intención y a la razón o inteligencia.

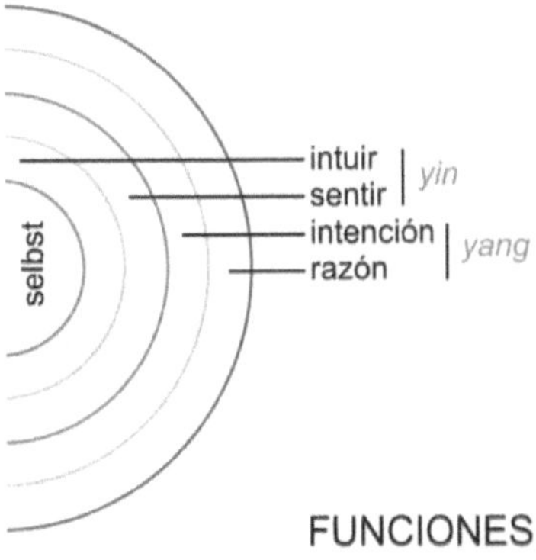

FUNCIONES

Simétricamente, las funciones femeninas, se encuentran en lo inconsciente profundo, las mismas, están en la actualidad infradesarrolladas, pero en esperanzada recuperación. Desde el alter, observamos al sentir [centro esencial] y al intuir.

Sólo a través de la unión yin yang de estas fuerzas, se abre la posibilidad al selbst, de lo contrario, el desarrollo es parcial. Contradecimos en esto a Adler (1978): la voluntad, por sí misma, no es ni constructiva, ni creadora; si carece de sentir integrado, puede orientarse, con demasiada facilidad, a la destrucción progresiva, como en la que estamos inmersos actualmente.

Dividimos nuestra esfera en dos: el *hemisferio etéreo* y el *hemisferio material*. En el hemisferio etéreo, encontramos todo ideal, valor, moral y deber imaginable. Por antinomia, en el hemisferio material encontramos las agrupaciones de perversiones, obscenidades, egoísmos, envidias, celos, odios y más. Ambos hemisferios conviven, no sin una constante batalla. La misma, sólo puede ser resuelta cuando la energía inferior logra alinearse con la superior. Esto, da a la ley o ideal, un valor realmente superior, conteniendo su opuesto y pudiendo complejizarse en dialéctica formación. Por el contrario, si las leyes o valores, se encuentran en marcada contradicción con lo inferior, la escisión del individuo será profunda, sus leyes y valores, vacíos e hipócritas, como así también su voluntad. Será capaz, en el mejor de los casos, de hablar elevadamente, pero jamás de cumplir su prédica.

> Mientras más leyes y decretos se promulgan
> tantos más ladrones y bandidos surgen,
> (Lao Tse, 1990, p. 178).

Para pensar la compleja dinámica de los seres inferiores (de la noche) y superiores, nos puede servir la ilustración del árbol celta de la vida. En él, sus ramas, tocan los cielos, mientras que sus raíces se asientan en los infiernos. Este simbolismo, está presente no sólo en celtas, sino que en muchas culturas, entre ellas la China, la India, los Siux, entre otros, (Chevalier, 1986, pp. 117-128). Ambos aspectos, son imaginarios y peligrosos, en tanto se mantengan escindidos. Pasan a ser reales, sólo si se integran; la activación debe comenzar en lo inferior [polo yin] y terminar en lo superior [polo yang] y abarcan la totalidad de los mundos. Esto nos da, humanos complejos, variables, ambiguos, pero vivos.

ÁRBOL CELTA DE LA VIDA

La parte inferior, es la parte nocturna. En este hemisferio, surgen los aspectos instintivos, bestiales y primitivos; de aquí parten las pulsiones sexuales y este es, el punto de origen del apego. En este sentido, encontramos paralelos con la idea de sombra de Jung, (1997, pp. 22-24). Estos elementos, no tienen en sí nada negativo-enfermo, pero pueden estarlo, al igual que los aspectos "superiores".

En el hemisferio superior, en cambio, encontramos el origen de la ambición y el poder. Aquí localizamos, al yo ideal, al ideal del yo, pero también a ideales encarnados en seres divinos, es decir, idealizados, los cuales pueden crear mundos de fantasías.

Hacia el centro de la esfera [meridiano] tendríamos seres más humanos y reales, tomados, sin demasiado esfuerzo, de la experiencia. La sección media superior estará compuesta por manifestaciones de lo masculino, entre ellas, el padre. En la parte media inferior, obtendremos las formas y representaciones femeninas, entre ellas, la madre. Es necesario poner énfasis en que estas representaciones, no son "meros recuerdos" y que por algo las llamamos, seres o entidades, ya que propiamente, son *hablantes* o *actuantes*, y por ello, poseen una existencia en la realidad interna. La multiplicidad de lo filial, amigos, familia, distintos compañeros, más la literatura y las películas, nos brindan un entramado multitudinario y complejo, que se une y repele, que lucha o se apega. Hasta cierto punto y sobre todo las entidades de la experiencia, pueden ser racionalizadas, es decir, ordenarse. Sobre un tema x, las multitudes hablarán. Mi padre a, mi tío b, mi tía a, mi hermano b; Platón c[68]. Las personalidades que más profundamente calen en la psique del sujeto, asentarán sus raíces en el sentir, esto sea, a través del

---

[68] Esto último, claro, suponiendo que la persona se nutra de conocimiento, de cualquier conocimiento. A veces ocurre que encontramos amigos de la infancia o que hace años no vemos, y continúan, como sin haber pasado a través del tiempo. Recurren a las mismas referencias, frases hechas o chistes incluso, que en aquella época. Si las multitudes no se nutren, tenderán a oxidarse, petrificarse, haciendo del pequeño círculo comunitario que nos tocó, el todo.

amor [si la unión es libre] o del apego [si la unión es dependiente]. Serán, casi siempre, familiares cercanos.

Una vez traspasado el alter, las muchedumbres se vuelven fantásticas y abismales. Al estar mucho más lejos de la voluntad y la razón, si se activan, tendrán un poder inéditamente grande. Son figuras arquetípicas y estas no suelen aparecer en las literaturas populares, sino en los mitos y los misterios humanos. Pueden activarse por el mundo externo y en este caso, casi irremediablemente se caerá en patología.

Pero también pueden activarse desde el selbst. En este caso, hablaremos, propiamente, de una experiencia mística o espiritual. Es difícil encontrar raíces genuinas en la actualidad en este campo, por la pobreza misma que tenemos tanto en lo simbólico, como en lo espiritual[69]. Déficit o hiperpresencia de figuras femeninas o masculinas, podrán generar extraños complejos. Puede que también se acceda a este profundo inconsciente, por drogas, naturales o artificiales. Dependiendo de la cohesión del humano, esto podrá resultar más o menos peligroso,

---

[69] Lo espiritual considerado la consciencia del mundo interno. En meditación budista, estas imágenes, son descartadas a pesar de su origen místico, ya que en el fondo, también generan o conducen al apego.

pero inevitablemente, lo generado, será propio de una *falsificación*. De vez en cuando, los sueños muestran aspectos claramente arquetípicos. Sin contacto ni posibilidad empírica de haber adquirido esos conocimientos, emergen mitos de culturas negadas.

Adoptamos, como una forma adecuada de comprender la movilidad energética de la psiquis, los conceptos de yin y yang. Esta dualidad, no es absoluta, aunque siempre muestra algún predominio. Su manifestación es siempre transitiva y cambiante.

Tomamos, entonces, estos principios de la cultura oriental y los trabajamos, con respeto y en un intento de comprensión profunda de los mismos. Si bien los sabemos ajenos, los mismos, por su ductilidad, son los más adecuados tanto a las manifestaciones de lo psíquico, como a las explicaciones causales.

YIN YANG

Existen dos modalidades de unión, una positiva, a la cual describimos como integrada y cohesiva, y la otra negativa, a la cual le adjudicamos toda conflictiva. Debemos concebir a la esfera de lo mental, como un campo de energía. Miles de millones de procesos minúsculos se producen a cada instante, tanto positivos, como negativos. Los negativos, dividen al individuo [son los seres luchando]. Dependerá siempre de la agrupación de seres y del poder de los mismos, el definir si la división resulta relevante o no. Las cargas negativas, producen una energía deficitaria: por sí misma se consume, debilitando al ser. Esto no quiere decir que la misma, sea débil. La mayoría de las veces, es poderosa. La analogía con la guerra, sus artefactos y la sangre vertida, no parece del todo extrema. Si profundizamos aún más en esta idea, debemos enfrentar un problema que aunque pueda pasar por filosófico, tiene serias implicaciones. La energía tipo conflictiva, puede ser *enferma*. Esto es, energía yin y yang de características muy negativas y destructivas, las cuales, aparecen sin un origen o causa aparente. En esto, con muchas alteraciones y digresiones, podemos también agrupar a las pulsiones de muerte, de Freud, (1991h)[70]. ¿Nacemos con este tipo de elementos? ¿Los adquirimos? Cualquier posición a este punto, no nos impide ver que el resultado es el mismo. Dicha energía; *está*. Y sin un trabajo analítico de la misma, es energía potencialmente muy peligrosa, siendo causa de todo cuanto mal existe. Sin una comprensión de esto en su gravedad y profundidad, seguiremos depositando nuestra fe en fuerzas ajenas y extendiendo así el problema. Dijo Platón (1992):

> todos los malos nos hacemos malos por dos motivos involuntarios, de los que siempre hay que culpar más a los que engendran que a los que son engendrados y a los que educan, más que a los educados, p. 254.

---

[70] También agregamos aquí al goce lacaniano. Es también aquí asimilable la posición esquizoparanoide y la posición depresiva de Klein.

La alineación yin-yang positiva genera energía no destructiva. En todo, depende de la profundidad en la cual se asienta en las raíces del núcleo. El amor libre logra alinear, en forma drástica al ser humano, transmutando incluso mucha de la energía negativa e incluso enferma.

Hemos colocado a nuestra esencia más profunda, a lo que obligados a nombrarlo, lo llamamos *selbst*. De este centro, sólo tenemos noticias a partir de manifestaciones secundarias (alter) o terciarias (ego). Pero ni el alter, ni el ego, logran dar con representación alguna de este misterio. Es lo que nos une y cohesiona. Lo que nos orienta y protege.

Selbst, por otra parte, es un término complejo y ha sido utilizado por varios autores, aunque en formas disímiles. Es desde Jung que tomamos la más esencial significación de selbst [sí mismo]. Arquetipo de la totalidad y centro psíquico de energía, este sí mismo, difiere del que conceptualiza Rogers. Rogers puntualiza a este sí mismo como cambiante. Acordamos, para unir estos puntos, que la manifestación cambiante de lo eterno, se debe más a la parte mortal del que percibe, que a la mutación de lo perpetuo.

> ¿Cómo podría alguien ocultarse de
> lo que no se pone? (Heráclito, 1981,
> p. 382).

Afirmamos una vez más el único pacto ético relevante en nuestra materia: jamás atentar contra el selbst, esto es, lo más sagrado, si se me permite la expresión, que existe en cada ser humano.

Lo obtenido a partir de los 12 autores, como se observa, no es una estructuración pasiva de teorías. Nuestro modelo, tiene un importante componente creativo. En cierto sentido, lo expuesto, abre un panorama nuevo. No discutiremos sobre si la mente es materia o espíritu o si estos estados son distintos, iguales o inseparables. La búsqueda de un modelo adecuado a nuestro tiempo, impedirá que lo considerado aquí se pierda en la nada. Incluso aceptando que lo presentado posee numerosos puntos oscuros o ciegos, describe e intenta explicar en la medida de lo posible, la compleja estructura de la psique humana. Conservamos, así, la visión tripartita de esta psiquis, siendo la expresión más simple de esta idea, la tríada ego, alter y selbst. Quedan infinitos aspectos por resolver. Corregiremos cuanto sea necesario y en cuanto sea posible, si la ciencia logra generar base certera en cualquier punto, cambiaremos y reestructuraremos nuestra perspectiva. Sin más, esto es un inicio y un punto de partida.

Nothing ever gets done
Nunca nada se obtiene.
Not until your war's won
No hasta que no ganes tu guerra,
(Oasis, 2002).

MMI

REFERENCIAS BIBLIOGRÁFICAS

Adler, A. (1978) *El Carácter Neurótico*. Buenos Aires: Paidós. [1912]

Adler, A. (1958) *Práctica y Teoría de la Psicología del Individuo*. Buenos Aires: Paidós.

Adler, A. (1956) *The Study of Organ Inferiority and its Psychical compensation*. New York: Harper. [1907]

Adler, A. (1969) Understanding Human Nature. Greenwich, CT: Fawcett.

Adler, A. (2004) *El Sentido de la Vida*. Ahimsa. Versión electrónica, recuperada de (diciembre, 2016): file:///C:/Users/1234/Downloads/Adler,%20Alfred-El%20Sentido%20De%20La%20Vida.PDF [1933]

Adler, A. (1999) *Comprender la Vida*. Buenos Aires: Paidós.

Ardila, R. (1993) *Síntesis experimental del comportamiento*. (2ª ed.). Bogotá: Planeta.

Ardila, R. (1994) La búsqueda de unificación en psicología. El paradigma de la síntesis experimental del comportamiento. *Revista Ciencias de la Conducta, 9* (1/2), 7-25.

Bentley, M. (1927) The major categories of psychology. *Psychological Reviwew, 33*, 71-105.

Bertalanffy, L. (1976) *Teoría general de los sistemas*. Madrid: Fondo de Cultura Económica.

Bishop, S., Lau, M., Shapiro, S., Carlson, L., Anderson, N. D., Carmody, J., Segal, Z. V., Abbey, S., Speca, M., Velting, D. & Devins, G. (2004), «Mindfulness: A proposed operational definition», *Clin Psychol Sci Prac* 11: 230-241.

Borges, J., B. (1974) *Borges. Obras Completas*. Buenos Aires: Emecé.

Bowlby, J. (1993) *La Separación Afectiva*. Buenos Aires: Paidós.

Bowlby, J. (1995) *Una Base Segura. Aplicaciones Clínicas de una Teoría del Apego*. Buenos Aires: Paidós.

Bowlby, J. (1986) *Vínculo Afectivo: Formación, Desarrollo y Pérdida.* Madrid: Morata.

Brown K, Ryan R. (2003) The benefits of being present: mindfulness and its role in psychological well being. J Pers Social Psychol. 84 (8), pp. 22-48.

Buda (2002) *Udana. La palabra de Buda.* Buenos Aires: Fundación Instituto de Estudios Budistas.

Buda (2004) *El Dhammapada.* Buenos Aires: Hastinapura.

Bunge, M. y Ardila, R. (2002) *Filosofía de la psicología.* México D. F.: Siglo Veintiuno. [1988]

Bruner, J. (1991) *Actos de significado. Más allá de la revolución cognitiva.* Madrid: Alianza Editorial. [*Acts of Meaning,* 1990]

Calhoun, L. (2004) The Unification of Psychology: A Noble Quest. *Journal of Clinical Psychology,* 60, 1283-1289.

Campayo, J. (2008). La práctica del «estar atento» (mindfulness) en medicina.

Atención Primaria, N° 40 (7), pp. 363-366.

Caporael, L. (2001). Evolutionary psychology: Toward a unifying theory and a hybrid science. *Annual Review of Psychology*, 52, 607-628.

Carpintero, H. (1999). *Historia de las ideas psicológicas*. Madrid: Pirámide.

Chevalier, J. (1986) *Diccionario de los Símbolos*. Barcelona: Herder.

Cronbach, L. J. (1957). The two disciplines of scientific psychology. *American Psychologist, 12*, 671-684

Derksen, M. (2005) Against Integration: Why Evolution Cannot Unify the Social Sciences. *Theory and Psychology*. Vol 15(2) Apr 2005, 139-162.

Ellis, A. & Dryden, W. (1989) *La Práctica de la Terapia Racional Emotiva*. Bilbao: Desclée.

Ellis, A. & Grieger, R. (1990) *Manual de Terapia Racional-Emotiva*. Bilbao: Desclée.

Ellis, A. (2000) *Usted Puede Ser Feliz*. Barcelona: Paidós.

Ellis, A. & MacLaren, C. (2004) *La Relación con los Demás*. Barcelona: Océano.

Ellis, A. (2007) *Controle su Ira Antes de que Ella lo Controle a Usted*. Barcelona: Paidós.

Feeney, J. & Noller, P. (2001) *Apego Adulto*. Bilbao: *Desclée de Brouwer*, S.A.

Feyerabend, P. (1993). *Tesis a favor del anarquismo, ¿Por qué no Platón?* Madrid: Tecnos.

Flowers, B. (2010) *Flamingo*. Texas: Vertigo.

Freud, S. (1991a) *Estudios sobre la histeria*. Obras Completas II. Buenos Aires: Amorrortu.

Freud, S. (1991b) *La interpretación de los sueños (parte I)*. Obras Completas IV. Buenos Aires: Amorrortu.

Freud, S. (1991c) *La interpretación de los sueños (parte II) y Sobre el Sueño*. Obras Completas V. Buenos Aires: Amorrortu.

Freud, S. (1991d) *Psicopatología de la vida cotidiana*. Obras Completas VI. Buenos Aires: Amorrortu.

Freud, S. (1991e) *«Sobre un caso de paranoia descrito autobiográficamente» (caso Schreber), Trabajos sobre técnica psicoanalítica, y otras obras*. Obras Completas XII. Buenos Aires: Amorrortu.

Freud, S. (1991f) *Tótem y Tabú, y otras obras*. Obras Completas XIII. Buenos Aires: Amorrortu.

Freud, S. (1991g) *Contribución a la historia del movimiento psicoanalítico, trabajos sobre metapsicología y otras obras*. Obras Completas XIV. Buenos Aires: Amorrortu.

Freud, S. (1991h) *Más allá del principio de placer, Psicología de las masas y análisis del yo, y otras obras*. Obras Completas XVIII. Buenos Aires: Amorrortu.

Freud, S. (1991i) *El Yo y el Ello y otras obras*. Obras Completas XIX. Buenos Aires: Amorrortu.

Freud, S. (1991j) *Presentación autobiográfica, Inhibición, síntoma y angustia, Pueden los legos ejercer el análisis, y otras obras*. Obras Completas XX. Buenos Aires: Amorrortu.

Freud, S. (1991k) *El porvenir de una ilusión, el malestar en la cultura, y otras obras*. Obras Completas XXI. Buenos Aires: Amorrortu.

Gergen, k. (1988) United we fall: A response. *New Ideas in Psychology*, 6, 219-222.

Grimes (2015) *Art Angels*. Canadá: 4AD.

Heidbreder, E. (1933) *Seven psychologies*. New York: Appleton Century Crofts.

Heidegger, M. (1964) *Qué significa pensar*. Bs. As.: Nova.

Heidegger, M. (1962) *El Ser y el Tiempo*. México: Fondo de Cultura Económica. [1927]

Henriques, G. (2004) Psychology Defined. *Journal of Clinical Psychology*, 60, 1207-1221.

Heráclito. (1981) *Los Filósofos Presocráticos I.* (Trad. Conrado Eggers & Victoria Juliá). Madrid: Gredos.

Husserl, E. (1951). La filosofía como ciencia estricta. Bs. As.: Facultad de filosofía y letras. [1910]

IAMX (2011) *Volatile Times.* Berlín: BMG Rights Management.

I Ching. (2002) (Richard Wilhelm, trad.) Barcelona: RBA.

James, W. (1912) *The Will to Believe.* New York: Henry Holt & Co.

James, W. (1922) *The Varieties of Religious Experience.* New York: Henry Holt & Co.

James, W. (2000) *Pragmatismo.* Madrid: Alianza Editorial [1907]

James, W. (2017a) A world of pure experience. Recuperado el 10 de junio de 2017 de: http://psychclassics.yorku.ca/author. htm#w [1904]

James, W. (2017b). *Does consciousness exist?* Recuperado el 10 de junio de 2017 de:

http://psychclassics.yorku.ca/author.
htm#w [1904]

James, W. (2017c). *The energies of men*.
Recuperado el 10 de junio de 2017
de:
http://psychclassics.yorku.ca/author.
htm#w [1907]

James, W. (2017d) *The principles of
psychology*. Recuperado el 10 de
junio de 2017 de:
http://psychclassics.yorku.ca/author.
htm#w [1890]

James, W. (2017e) *The stream of
consciousness*. Recuperado el 10 de
junio de 2017 de:
http://psychclassics.yorku.ca/author.
htm#w [1892]

James, W. (2017f). *What is an emotion?*
Recuperado el 10 de junio de 2017
de:
http://psychclassics.yorku.ca/author.
htm#w [1884]

Jobs, S. [Michel Guerrero] (2013, febrero
4) *Copia de Real lost interview with
Steve Jobs | entrevista perdida de
Steve Jobs*. [Archivo de video].
Recuperado de:
https://www.youtube.com/watch?v=
Du1Hj-zkZgE&t=1626s [1995]

Jung, C. (2003a) *Arquetipos e Inconsciente Colectivo*. Barcelona: Paidós. [1954]

Jung, C. (2003b) *Realidad del Alma*. Buenos Aires: Losada. [1934]

Jung, C. (1997) *Aion*. Buenos Aires: Paidós. [1951]

Jung, C. (1998) *Símbolos de Transformación*. Barcelona: Paidós. [1952]

Jung, C. (1988) *Sincronicidad*. Málaga: Sirio. [1950]

Jung, C. (1985a) *Tipos Psicológicos. Tomo I*. Buenos Aires: Sudamericana. [1920]

Jung, C. (1985b) *Tipos Psicológicos. Tomo II*. Buenos Aires: Sudamericana. [1920]

Jung, C. (1983) *Psicología de la Transferencia*. Barcelona: Paidós. [1946]

Jung, C. (1963) *Presente y Futuro*. Buenos Aires: Sur. [1957]

Jung, C. (1954) *Energética Psíquica y Esencia del Sueño*. Buenos Aires: Paidós. [1920]

Jung, C. (1938) *Lo Inconsciente en la Vida Psíquica Normal y Patológica*. Buenos Aires: Losada. [1918]

Kabat-Zinn, J. (1995) *Cómo Asumir su Propia Identidad*. Barcelona: Plaza & Janes.

Kabat-Zinn, J. (2007) *La Práctica de la Atención Plena*. Barcelona: Kairós.

Kabat-Zinn, J. (2013) *Mindfulness para Principiantes*. Barcelona: Kairós.

Kant, I. (2007) *Crítica de la Razón Pura*. Buenos Aires: Losada.

Kant, I. (1988) *Crítica de la razón pura*. Madrid: Alfaguara. [1781]

Kant, I. (1950) *Prolegómenos a Toda Metafísica Futura*. Buenos Aires: El Ateneo. [1783]

Kimble, G. A. (1989). Psychologist forms the standpoint of a generalist. *American Psychologist, 44* (3), 491-499.

Kimble, G. A. (1994a) A new formula for behaviorism. *Psychological Review, 101* (2), 254-258.

Kimble, G. A. (1994b) A frame of reference for psychology. *American Psychologist, 49* (6), 510-519.

Klappenbach, H. (2003). Rubén Ardila y la epistemología de la psicología. En L. Florez Alarcón (Ed.), *El legado de Rubén Ardila. Psicología: de la biología a la cultura* (pp. 45-81). Bogotá: Universidad Nacional de Colombia.

Klein, M. (1987a) *Notas sobre algunos mecanismos esquizoides.* Obras completas. Vol. III. Bs. As.: Paidós. [1946]

Klein, M. (1987b) *Algunas conclusiones teóricas sobre la vida emocional del bebé.* Obras completas. Vol. III. Bs. As.: Paidós. [1952]

Klein, M. (1987c) *La técnica psicoanalítica del juego: su historia y significado.* Obras completas. Vol. III. Bs. As.: Paidós. [1955]

Klein, M. (1987d) El complejo de Edipo a la luz de las ansiedades tempranas.

Obras completas. Vol. I. Bs. As.: Paidós. [1945]

Kovac, D. (1995) Methodological shift in psychology: Is integration still possible? *Studia Psychologica*. Vol 37(3) 1995, 126-131.

Kuhn, T. S. (1979) Segundas reflexiones acerca de los paradigmas. En F. Suppe (Ed.), *La estructura de las teorías científicas* (pp. 509-533). Madrid: Ed. Nacional.

Kuhn, T. (1991). *Estructura de las revoluciones científicas*. Bs. As.: FCE.

Lacan, J. (2003a) Escritos I. Buenos Aires: Siglo Veintiuno.

Lacan, J. (2003b) Escritos II. Buenos Aires: Siglo Veintiuno.

Lacan, J. (2008a) *El Yo en la Teoría de Freud y en la Técnica Psicoanalítica*. El Seminario 2. Buenos Aires: Paidós. [1954-1955]

Lacan, J. (2008b) *Las Psicosis*. El Seminario 3. Buenos Aires: Paidós. [1957-1958]

Lacan, J. (2008c) *La relación de objeto*. El Seminario 4. Buenos Aires: Paidós.

Lacan, J. (2008d) *Las Formaciones del Inconsciente*. El Seminario 5. Buenos Aires: Paidós.

Lacan, J. (2008e) *El Deseo y su Interpretación*. El Seminario 6. Buenos Aires: Paidós.

Lacan, J. (2008f) *La Ética del Psicoanálisis*. El Seminario 7. Buenos Aires: Paidós.

Lacan, J. (2008g) *La Transferencia*. El Seminario 8. Buenos Aires: Paidós.

Lacan, J. (2008h) *Los cuatro conceptos fundamentales del psicoanálisis*. El Seminario 11. Buenos Aires: Paidós.

Lacan, J. (2012) *Otros Escritos*. Buenos Aires: Paidós.

Lagache, D. (1984). *La unidad de la psicología*. Bs. As.: Paidós. [1949]

Lao Tse. (2008) *Tao Te King*. (Anton Teplyy trad.). Ontario: New Atlanteans.

Lao Tze. (1898) Tao The King. Chinese-english. (Paul Carus trad.) Chicago: The Open Court Publishing Company.

Lao Tse (1990) *Tao Te king*. (Gaston Soublette en base a la traducción de Richard Willem). Santiago: Cuatro Vientos.

Lao Tzu. (1992) *Hua Hu Ching: the Unknown Teachings of Lao Tzu*. New York: Harper One.

Lennon, J. (1970) *Mother. John Lennon/Plastic Ono Band*. USA: Apple Records.

Mañas, I. (2008). Mindfulness (atención plena): la meditación en psicología clínica. *Gaceta de Psicología, N°. 50, pp. 13-29*.

Masterman, M. (1975). La naturaleza de los paradigmas. En I. Lakatos & A. Musgrave (Eds.). *La crítica y el desarrollo del conocimiento* (pp. 159-201) (F. Hernán, Trad.). Barcelona: Grijalbo.

Marx, M. H. & Hillix, W. (1979). *Systems and theories in psychology*. (3rd Ed). New York: Mc Graw-Hill.

May, R., Allport, G., Feifel, H., Maslow, A., Rogers, C. (1963) *Psicoterapia Existencial*. Paidós: Buenos Aires.

McKeachie, W. J. (1976) Psychology in America's bicentennial year. *American Psychologist*. Vol 31(12) Dec 1976, 819-833.

McNally, R. (1992). Desunity in psychology: Chaos or speciation? *American Psychologist*, 47, 1054.

Meyerowitz, B. E.; Burish, T. G.; Wallston, K. A. (1986) *Health psychology: A tradition of integration of clinical and social psychology*. Journal-of-Social-and-Clinical-Psychology. Vol 4(4) 1986, 375-392.

Molinero, C. (Ed.) (2005) *I Ching*. Buenos Aires: Deva's.

Morató, J. y Martínez, R. (1996) *Diccionario de filosofía Herder en CD-ROM*. Barcelona: Empresa Editorial Herder S.A.

Murchison, C. (Ed.). (1926). *Psychologies of 1925*. Worcester, Mass.: Clark University.

Murchison, C. (Ed.). (1930). *Psychologies of 1930*. Worcester, Mass.: Clark University Press.

Oasis (2002) *Heathen Chemistry*. UK: Big Brother.

Platón (2004) *Fedro*. Bs. As.: Editorial Quadrata.

Platón (1992) *Diálogos VI. Timeo*. Madrid: Gredos.

Politzer, G. (1965). Psicología mitológica y psicología científica. En G. Politzer, *Psicología concreta* (pp. 37-95) (E. Ramos, Trad.). Buenos Aires: Jorge Alvarez

Posner, M. y Rothbart, M. K. (2004) Hebb's Neural Networks Support the Integration of Psychological Science. *Canadian Psychology*. Vol 45(4) Nov 2004, 265-278.

Rogers, C. (1972) *Psicoterapia centrada en el cliente*. Buenos Aires: Paidós.

Rogers, C. (1975) Hacia una ciencia de la persona. En O. Nudler (Ed.),

Problemas epistemológicos de la psicología (pp. 81-110) (M. Frasinetti de Gallo, Trad.). Bs. As.: Siglo XXI.

Rogers, C. (1981) *Psicoterapia centrada en el cliente. Barcelona*: Paidós. [1951]

Rogers, C. (1984) *El proceso de convertirse en persona*. Barcelona: Paidós. [1961]

Rogers, C. (1995) *El Camino del Ser*. Barcelona: Kairós.

Siegel, R. D., Germer, C. K. & Olendzki, A. (2009). «Mindfulness: What Is It? Where Did It Come From?», en Didonna, F., *Clinical Handbook of Mindfulness,* Springer, New York.

Simón, V. (2011). *Aprende a practicar Mindfulness,* Sello Editorial, Barcelona.

Staats, A. (1991) Unified positivism and unification psychology: Fad or new field? *American Psychologist*, 46, 899-912.

Staats, A. R. (1999) Unifying psychology requires new infrastructure, theory, method, and a research agenda.

Review of General Psychology, 3, 3-13.

Sternberg, R. J., & Grigorenko, E. L. (2001). Unified psychology. *American Psychologist*, 56(12), 1069-1079.

Sternberg, R. J. (2004) The Role of Biological and Environmental Contexts in the Integration of Psychology: A Reply to Posner and Rothbart. *Canadian Psychology*. Vol 45(4) Nov 2004, 279-283.

Torrance, R. (2006) *La Búsqueda Espiritual: la trascendencia en el mito, la religión y la ciencia*. Madrid: Ciruela.

Wapner, S. (1995) Toward integration: Environmental psychology in relation to other subfields of psychology. *Environment and Behavior*. Vol 27(1) Jan 1995, 9-32.

Watson, J. (1916a) Behavior and the Concept of Mental Desease. *The Scientific Monthly*. Vol. XIII (22). pp. 589-597.

Watson, J. (1916b) The Psychology and Scientific Methods. *The Journal of*

Pshilosophy, Psychology and Scientific Methods. (3). pp. 479-487.

Watson, J. (1919) *Psychology from the Standpoint of Behaviorism*. Philadelphia: Lippincott Company.

Watson, J. (1930). *Behaviorism*. Chicago: University of Chicago Press.

Woodworth, R. S. (1931) *Contemporary schools of psychology*. New York: Ronald.

Wundt, W. (1990) *Elementos de Psicología de los Pueblos*. Barcelona: Alta Fulla. [1900-1920]

Wundt, W. (2017) *Outlines of Psychology*. Recuperado el 10 de febrero de 2017 de: http://psychclassics.yorku.ca/Wundt /Outlines/ [1897]

Wundt, W. (1904) *Principles of Physiological Psychology*. New York: The MacMillan Co. [1874]

www.ingramcontent.com/pod-product-compliance
Lightning Source LLC
Chambersburg PA
CBHW051432250726
48655CB00001B/23